U0634585

本书由贵州省社会科学院、贵州省社会科学院区域经济与发展经济学重点学科、贵州文化产业研究中心人才基地资助出版

新形势下贵州文化产业发展研究

王　前　著

知识产权出版社

全国百佳图书出版单位

图书在版编目（CIP）数据

新形势下贵州文化产业发展研究/王前著. —北京：知识产权出版社，2018.1
ISBN 978 - 7 - 5130 - 5107 - 1

Ⅰ.①新… Ⅱ.①王… Ⅲ.①文化产业—产业发展—研究—贵州 Ⅳ.①G127.73

中国版本图书馆 CIP 数据核字（2017）第 216845 号

内容提要

本书主要从六个方面，对贵州省在新形势下文化产业如何发展进行研究。即贵州文化产业发展文献综述；贵州省文化产业发展现状问题分析：主要从文化资源、产业总体发展、行业发展、区域发展、县域发展、文化企业进行分析；贵州文化产业与周边省区比较分析；贵州文化产业发展环境及预测分析；贵州文化产业发展路径研究：主要提出资源优势转化产业优势、产业集聚（壮大园区）发展、与其他产业融合发展、走出去等四个发展路径；对策建议：主要提出政策、发展措施建议。

责任编辑：石红华	责任校对：谷　洋
封面设计：刘　伟	责任出版：刘译文

新形势下贵州文化产业发展研究

王　前　著

出版发行：	知识产权出版社有限责任公司	网　　址：	http://www.ipph.cn
社　　址：	北京市海淀区气象路 50 号院	邮　　编：	100081
责编电话：	010 - 82000860 转 8130	责编邮箱：	shihonghua@ sina.com
发行电话：	010 - 82000860 转 8101/8102	发行传真：	010 - 82000893/82005070/82000270
印　　刷：	北京中献拓方科技发展有限公司	经　　销：	各大网上书店、新华书店及相关专业书店
开　　本：	787mm×1092mm　1/16	印　　张：	9
版　　次：	2018 年 1 月第 1 版	印　　次：	2018 年 1 月第 1 次印刷
字　　数：	124 千字	定　　价：	30.00 元

ISBN 978-7-5130-5107-1

前　言

　　联合国教科文组织对文化产业的定义是：文化产业就是按照工业标准，生产、再生产、储存以及分配文化产品和服务的一系列活动。随着文化的强大影响力及文化产业巨大经济价值的凸显，在国家层面，党和国家高度重视文化产业的发展，为了把中国建设成为世界文化大国及文化强国，在国家"十二五"文化产业发展规划中提出实施振兴文化产业发展八大战略。2012 年党的十八大报告明确提出文化产业成为国民经济支柱产业。2015 年《中共中央关于制定国民经济和社会发展第十三个五年规划的建议》重申，到 2020 年要将"文化产业成为国民经济支柱性产业"，充分说明在"十三五"时期，国家将大力推进文化产业发展。在贵州省层面，2012 年 1 月 18 日，国务院颁发了 2 号文件《国务院关于进一步促进贵州经济社会又好又快发展的若干意见》，将"文化旅游发展创新区"作为贵州发展战略定位明确提出，并具体要求把文化和旅游产业作为经济发展的支柱产业。2016 年颁发的《贵州省"十三五"文化事业和文化产业发展规划》在发展目标中明确提出："文化产业成为国民经济支柱性产业、提高文化开放水平、多彩贵州民族特色文化品牌打造取得明显成效。"2017 年 4 月 16 日，贵州省委书记陈敏尔在中国共产党贵州省第十二次代表大会上的报告《紧密团结在以习近平同志为核心的党中央周围决胜脱贫攻坚同步全面小康奋力开创一百姓富生态美的多彩贵州新未来》中明确提出：全面提升文化自信。着力建设多彩贵州民族特色文化强省，增强文化自觉，强化文化担当，培育文化品牌，用红色文化弘扬革命传统，用先进文化引领时代风尚，用精品力作讴歌劳动人民，用人文精神激发奋斗热情。深入推进文化事业和文化产业发展。实施优秀传统文化发展工程，大力发掘利用民族文化、山地文化、阳明文化、"三线"文化等优势资源，推进文化与科技、旅游等融合发展，让优秀传统文化活在当下、服务当代。坚持以人民为中心的创作导向，推出既有深度又有温度、既叫好又上座的文化艺术精品。实施文化惠民工程，加快构建现代公共文化服务体系。深化文化体制改革，实施文化产业培育工程，增力"优质文化产品和服务供给，让群众有更多文化获得感"！当前，我国经济发展处于速度变化、结构优化、动力转换的新阶段，贵州省经济发展处于后发赶超、坚持既要"赶"又要"转"，加快全面小康建设的经济新形势。在国家、省经济发展的新形势下，在贵州省实施"大扶贫、大数据、工业强省、两加一推"主战略中，贵州文化产业如何实现经济结构的转型升级并发展成为支柱产业是本书研究的重点。本书主要从六个方面，对贵州省文化产业在新形势下如何发展进行研究。第一章 贵州省文化产业文献综述：主要阐述贵州文化产业发展理论。第二章 贵州省文化产业发展现状及特点：主要从文化资源、产业总体发展、行业发展、区域发展、县域发展进行分析。第三章 贵州省文化产业与全国及周边省区比较分析。第四章 贵州省文化产业发展环境及预测分析。第五章 贵州省文化产业发展路径研究：主要提出资源优势转化产业优势、产业集聚（壮大产业园区）发展、与其他产业融合发展、"走出去"等四个发展路径。第六章 贵州省文化产业发展对策建议：主要提出政策、发展措施建议。

目　录

第一章

贵州省文化产业文献综述

第一节　贵州省文化产业研究历程

贵州省文化产业研究的历程，是随着经济社会发展和人民群众文化需求升级，以及随着文化建设发展，而相应产生的新兴研究领域，也是文化学术性研究向文化产业的现实经济问题贴近和延伸的过程。

中共十一届三中全会以后，与改革开放和思想解放相适应，文化研究也被提上议事日程，逐渐开展起来，众多学者围绕着夜郎文化、民族文化等方面，进行了专题研究。在民族文化研究方面，从1982年起，贵州省民族研究所几年组织所内外科研人员进行世族综合考察，出版了多集《贵州民族调查》。1995年以后，贵州省又陆续出版了《中国民歌集成·贵州卷》《贵州文物概况一览表》《贵州文物分布图》《贵州省文物志稿》等，这些著作对贵州民族文化进行了较全面的介绍。在夜郎文化研究方面，贵州省于 1978 年、1979 年举办了两次古夜郎问题讨论会，与会者从考古学、民族学、历史学、语言学和历史地理学等学科的角度，对夜郎的疆域、族属和社会性质等问题作了讨论，出版了《夜郎考》（贵州人民出版社，1979 年 2 月）讨论文集之一，这是贵州史学界对夜郎文化研究的第一次展示，引起了省内外学者的广泛关注。在广泛开展专题研究的同时，关于文化的全方位综合性研究，也引发了学者们的深入思考。贵州文化的概念与内涵、渊源与形成、主要内容与特点、历史地位以及文化与其他区域文化的关系等一系列问题，成为学术界感兴趣的问题。如 1995 年 10 月，在贵阳市花溪区召开贵州文化与传统文化国际学术研讨会，是有史以来把"贵州文化"作为学术问题，提到国家及国际视野下探讨，会议着重讨论贵州区域文化资源的挖掘与建设，是贵州学术史上的一次盛大集会。

20 世纪 90 年代以后，随着中国改革开放的快速推进，沿海省市凭借临近国际市场的区位优势和率先开放的国家政策倾斜，经济发展取得了巨大成效，社会建设其他方面的需求开始凸显，把文化作为最具竞争力和决定力的"软实力"加以发展已成为发达地区进一步发展的潮流。1996 年 10 月，江苏省在全国率先提出建设"文化大省"。随后，地处沿海经济发达地区的其他几个省市，如广东、浙江、上海和山东等，纷纷提出了建设"文化大（强）省（市）"的目标。在我国西部地区，云南省于 1996 年 12 月首先提出把云南建设成为"富有特色的民族文化大省"。为适应这些省份文化建设和文化发展的需要，区域特色文化和文化产业的研究也广泛开展。在全国文化建设逐渐兴起的背景下，贵州省也加大了文化建设，进一步促进文化与经济的融合。1996 年，贵州省文化部门制订了《贵州省文化带建设工程总体布局方案》，提出以贵阳市为中心，以"三线一大"（铁路线、公路线、旅游线、大集镇）为依托，建成点与线交织、组合、覆盖一定地域的 7 条多彩文化带。为适应文化发展的需要，1996 年 5 月，贵州省文化厅与省委宣传部、省委讲师团、省社会科学院、贵阳市委宣传部联合召开了"全国第一次文化与生产力学术研讨会",来自 21 个省、自治区、直辖市的 80 多名学者出席会议,对文化生产力理论进行了研究,产生了很大影响,这次会议可谓是"深化文化生产力理论研究的发端"(王恒富,1998)。

对"文化软实力"的关注,促进了学术界对文化资源开发利用的关注。2000 年以来,旅游管理部门、各市(州、地)与相关研究机构联合举办了一系列有关文化与旅游发展的研讨会、论坛,如"全球化背景下贵州文化旅游论坛""民族文化保护与旅游开发研讨会""贵州旅游文化论坛"等,省内外专家、学者围绕贵州旅游文化这一主题,从旅游与文化的关系、旅游产业与文化产业的关系、原生态文化资源的保护与可持续利用、贵州民族文化的核心优势与整合、贵州"红色旅游"的文化内涵、现代化进程中的贵州旅游文化建设、如何提升贵州旅游文化的市场竞争力等论题,发表了真知灼见。随着对贵州文化认识的深入和对贵州特色资源利用力度的加大,越来越多的人参与到对贵州文化资源开发利用的研究之中。

2005 年,《中共中央、国务院关于深化文化体制改革的若干意见》(中发〔2005〕14 号)的出台和全国文化体制改革工作会议的召开,为大力发展贵州文化事业吹响了前进号角,为推进贵州文化体制改革指明了方向。贵州省在尊重客观实际和企业自主权的基础上,适时推动文化经营单位向集团化、规模化方向发展,先后组建了贵州日报报业集团、贵州出版集团,开始实行市场化和企业化运作。推进文化体制改革工作和发展贵州文化产业,首先必须加强对贵州文化体制改革和文化产业发展的调查研究。为适应这种需要,通过整合已经拥有的学科资源,贵州省成立了一些研究机构,如贵州省社会科学院成立了贵州省文化产业研究中心、贵州省民族文化研究中心,贵州大学成立了旅游与文化产业发展研究院,贵州民族学院成立了西南夜郎文化研究院、贵州世居民族研究中心、西南傩文化研究中心、水书文化研究中心等研究机构,有关单位还联合成立了贵州省民族文化产业开发促进会,这些研究机构都在进行着贵州文化与文化产业发展的研究。

2005 年，贵州省社会科学院承担了由省委宣传部委托的课题《贵州文化产业发展研究》。课题从最初立项到实施的整个过程，都受到了省委、省政府及省委宣传部的高度重视。课题组在收集资料、考察调研、讨论撰写提纲、反复修改研究成果的基础上，形成了课题研究报告，对贵州文化资源优势、贵州文化产业发展状况进行了分析，对贵州文化产业发展进行了构想，提出了贵州文化产业发展的战略对策与政策建议，策划了一系列文化产业发展项目。这个研究课题，是贵州省首次针对贵州文化产业发展的全局性、专门性、系统性研究。

2005 年 11 月，贵州省委、省政府召开全省发展文化产业工作座谈会，明确提出要把文化产业发展作为贵州新的经济增长点来培育，做大做强文化产业，使之成为拉动贵州经济社会跨越式发展的强大引擎。为加快文化体制改革和文化产业发展，2006 年 3 月至 8 月，中共贵州省委文化体制改革领导小组办公室和贵州省社会科学院组成起草小组，经过几个月的调研，起草了《中共贵州省委、贵州省人民政府关于推进文化体制改革和加快文化发展的若干意见》。2006 年 8 月 28 日至 29 日，全省文化体制改革工作会议召开，出台了《中共贵州省委、贵州省人民政府关于推进文化体制改革和加快文化发展的若干意见》，明确了推进贵州文化体制改革、加快文化发展的指导思想、原则要求和目标任务，为进一步开创贵州文化体制改革和文化发展的新局面吹响了前进号角。

全省各市（州、地）都把发展文化产业纳入了"十一五"规划，确立了文化产业发展的目标，并围绕文化产业发展召开了一系列研讨会。如：2005 年 10 月，省民族文化学会与黔西南州人民政府在兴义市联合召开"贵州省民族文化学会第十三次年会暨民族文化的发展与黔西南州历史性跨越学术研讨会"；2006 年 9 月，铜仁地委、行署和贵州省社会科学院在铜仁市共同主办了以"研究文化、创意产业、振兴铜仁"为主题的黔东民族文化论坛；2007 年 4 月，黔东南州委、州政府和《贵州民族研究》杂志社、贵州大学在凯里共同主办了"贵州文化多样性与民族社会发展学术研讨会"；等等。这些区域性文化产业研究，为贵州各地文化产业发展提供了许多好思路。贵州省社会科学院于 2006 年 3 月 15 日成立了贵州文化产业发展研究中心，主要研究贵州省文化产业的发展，为省委、省政府相关重大决策提供重要咨询建议，承担文化产业研究方面的重大科研项目，培养一批从事文化产业发展研究及相应领域的省内一流专家，培养一批具有较高素质和成就的中青年学术骨干队伍，编写贵州文化产业蓝皮书，组织出版高质量、有影响的论著等。中心现任主任由副院长宋明研究员担任，区域经济所所长、文化研究所所长、民族研究所所长等人担任副主任。从事文化产业研究人员 15 人，其中研究员 5 人，副研究员 4 人，助理研究员 6 人。研究中心成员由区域经济所、文化研究所、民族研究所等从事文化产业相关研究的科研人员和院外特聘专家组成，中心办公室设在区域经济所。2011—2014 年中心陆续组建起结构优良的研究团队，搭建起高水平的研究平台，始终致力于贵州文化产业的学术研究和社会服务，将理论研究和产业实践有效链接，打造贵州高水平的文化产业研究和咨询机构。中心编撰出版 2007 年、2008 年、2011 年、2012 年、2013 年、2014 年、2015 年、2016 年 8 本贵州文化产业蓝皮书。通过蓝皮书发表的关于贵州省文化产业发展论文上百篇，但是，总的来看，贵州文化产业的研究目前还处于起步阶段，虽然起步晚，但发展快，研究内容比较丰富。

第二节　贵州省文化产业研究的主要内容

一、关于贵州文化资源的基础性研究

（一）关于贵州文化的研究

自 1998 年以来，贵州教育出版社陆续出版了有关贵州文化研究的系列丛书，从不同的视角诠释了贵州文化。其中，史继忠在其著作《贵州文化解读》中，认为"杂"是贵州"多元文化"的最大特点，这种"杂"不单是指它的来源极其广泛，更重要的是各种文化固有的物质依然保持。这种"多元文化"并未完全交融为一体，而是"多元共生"，是一个复杂的文化系统。这种"多元共生"的文化有更多的包容性和开放性。贵州文化的另一个特点是"先天不足，后天失调"。作者认为，"解决'贵州问题'关键是文化"，要把文化建设作为基础建设列到首位，首先要在传统文化和现代文化的结合上去下功夫。在《诱人的伊甸园——贵州史前文化》中，史继忠充分利用考古资料，把贵州的历史文化形成时间向前推进了20多万年，认为贵州是"人类起源的摇篮"之一。张晓松的《山骨印记——贵州文化论》，认为贵州文化是贵州各族人民共同创造的，形成了"多元一体"的基本特征，各种文化在贵州受着山地环境的制约，呈现出山地文化的特征。黄才贵的《独特的社会经纬——贵州制度文化》，认为贵州的"土司制度"以及各民族的制度文化，反映了贵州社会经济发展的不平衡性，它们影响着贵州文化的发展进程。屠玉麟的《独特的文化摇篮——喀斯特与贵州文化》从地理环境的角度来探讨了贵州文化，分析了喀斯特生态环境对贵州文化所产生的深刻影响。王正贤的《奇异的石头世界——贵州岩石载体文化》从地理特点与历史发展的结合上阐述了贵州文化，认为岩石载体文化是大山精神的体现。翁家烈的《夜郎故地上的古汉族群落——屯堡文化》讲述了"屯堡人"的发展历史和文化传承，反映了汉族移民对贵州文化的影响。黄万机的《黔山灵秀钟人杰——历代英才与贵州文化》，突出了"黔中人文精神"，强调文化教育的重要。周国茂的《自然与生命的意义世界——贵州少数民族原始崇拜与民俗》，分析了少数民族的原始崇拜从"潜意识"上对贵州文化的影响。蒋南华的《诗魂酒魂——贵州酒文化掠影》，用诗与酒的关系来提升贵州的酒文化，强调了酒文化对贵州经济、文化的重要意义。刘学洙和史继忠的《历史的理性思维——大视角看贵州十八题》，在全国的大背景下，从纵向比较和横向比较中寻找贵州发展的坐标，总结经验教训并吸取智慧。这些专著提出了许多新的观点，拓宽了人们的视野和思路。

（二）关于贵州文化资源的研究

黄晓研究了贵州的各类文化资源：一是自然地貌资源，如喀斯特岩溶地貌形成的喀斯特王国，喀斯特地貌形成的神秘的地下资源——溶洞王国，喀斯特地貌与天然山水结合形成的公园省，气候资源形成的天然空调，奇石文化资源形成的奇石王国；二是历史文化资源，包括史前文化、夜郎文化、墓穴文化、神秘岩画、屯堡文化、阳明文化、红色文化；三是民族民间文化资源，有49个少数民族、17个世居少数民族，这些民族民间文化资源包括民族节日、民间艺术、民族建筑、民族手工技艺、原生宗教文化、民族村寨生态景观、民族习俗礼俗、民族传统体育与竞技、民族饮食文化；四是现实文化资源。黄晓认为，贵州是文化资源大省，具有文化资源的多样性、文化类型的丰富性，民族文化的原生态、独特性、稀缺性、神秘性和探知性，广泛的群众性等特点，它具有很高的利用价值和竞争优势。

民族民间文化是贵州文化研究中的一个热点。王鸿儒认为，贵州的民族民间文化主要是指少数民族民间文化，具有多元性（即文化多元共性，丰富多彩，文化生态的保存较好）、二重性（即既开放又封闭的二重性）、道德性（通过文化传承的方式，实行传统道德的影响与教化）、自娱性（即每一个少数民族都能歌善舞）、神秘性的特点。他认为，贵州民族民间文化，特别是其中所透显出来的价值观念与文化精神，含有与世界先进文化要素相适应的文化基因，如"天人合一"的自然观、"和而不同"的文化观、铜鼓文化象征的团队精神，这些与现代社会的发展在不少方面是相适应的。成荣蕾认为，贵州文化遗产具有民族节日丰富多彩、民族歌舞绚丽多姿、民族建筑特色鲜明、文物精华荟萃、民间工艺美术精湛繁多的特点。刘必强认为，贵州具有内容丰富的民族文物资源，如民俗文物、民族建筑、民族村寨、民族艺术和民族工艺系列中以及民族信仰中涉及和存在的众多文物，都是贵州富民兴黔伟业的丰富宝藏，是贵州可持续发展的重要一环。杨正权分析了黔东南的节日文化，认为黔东南是民族节日的密布区，如果节日文化荡然无存，则黔东南"反璞归真旅游圣地"的美誉将荡然无存。

在历史文化资源中，夜郎文化、红色文化、屯堡文化是贵州的特色资源。熊宗仁认为，开发利用夜郎文化资源，其理论价值与实践意义在于：将填补中国古代西南文化板块的一个空洞或缺损；相对中原文化来说，夜郎文化是弱势文化，但就西南古代少数民族文化而言，因其"最大"，故而是一个强势文化；夜郎文化区域是一个少数民族关系民族团结与社会稳定的一个区域，是一个具有特色和潜力、自然生态和人文生态都相对保存较好的一个文化区域、经济区域及行政区域。目前开发利用夜郎文化最主要的障碍是观念陈旧、不能超越自我与前人。熊宗仁认为，夜郎文化是贵州文化必不可少的基因、源头和干流。贵州旅游的文化底蕴，难以支撑作为全省经济支柱之一的旅游产业，夜郎文化可以作为发展贵州旅游产业的一块文化基石。开发利用夜郎文化，必须首先克服观念中对夜郎文化的偏见和误解，克服"夜郎自大"的心理障碍。"屯堡文化"是 600 多年前明朝在贵州腹地"屯田戍边"遗留下的一种特殊文化现象。屯堡文化现象引起了专家、学者的广泛关注，先后在平坝召开过两次国际性学术研讨会、三次国内学术研讨会，出版有《六百年屯堡》《最后的屯堡》《屯堡文化研究》《安顺地戏论文集》等 10 余部学术专著，发表有屯堡文化研究论文 100 余篇。另举办大型屯堡文化节 6 次，屯堡山歌大赛 100 余次，屯堡服饰展演 60 余次，屯堡军傩（地戏）表演赛 80 余次，屯堡花灯调演 12 次。

二、关于贵州文化产业发展的政策性、应用性研究

（一）省委、省政府领导的重要讲话与个人署名研究

2006 年 8 月 28 日至 29 日的全省文化体制改革工作会议期间，中共贵

州省委书记石宗源在接受《当代贵州》记者采访时说，贵州文化事业与文化产业的发展，根本出路在于深化改革，要明确方向、突出重点，积极稳妥地推进文化体制改革。在重塑文化市场主体、完善文化市场体系、整合文化资源、改善文化宏观管理、转变政府职能、促进文化与旅游发展相结合等方面实现新的突破。

中共贵州省委副书记王富玉在北京大学召开的"第四届中国文化产业新年论坛"上作了《依托特色优势资源　推进贵州文化产业的创新发展》的主题发言。他认为，文化资源优势转变为文化产业优势，解放思想、更新观念是发展文化产业的关键，发展乡村旅游是欠发达地区推进文化产业的切入点，着力开发文化产品是发展文化产业的基础，文化旅游的结合是发展文化产业的重要平台。

中共贵州省委常委、宣传部长李军分析了到贵州投资文化产业的优势。贵州省人民政府副省长吴嘉甫认为，贵州的文化产业还处于培育阶段，文化产业的发展一要定好位，对文化家底重新认识，要对市场有全面的了解；二要找准突破口，促进文化与旅游相结合；三要有强烈的市场意识；四要搭建好发展平台。要加强整体创新能力、市场拓展能力、成本控制能力、可持续发展能力等四种能力的建设，要完善文化产业政策体系、投融资体系、市场体系、管理和服务体系，要建设好非物质文化遗产的挖掘整理和原创基地、文化产业研究与人才培养基地、贵州省独有的民族民间文化生态基地、文化产业示范基地等四大基地。

（二）《贵州文化产业发展研究》报告

关于贵州文化产业发展的全局性、战略性、系统性的研究成果，影响较大的是贵州省社会科学院主持完成的课题——《贵州文化产业发展研究》（中共贵州省委宣传部委托立项课题，2005 年）。

在这个研究报告中，课题组将贵州文化产业发展状况概括为：发展步伐加快，产业体系初步形成；优势产业逐渐崛起，新兴产业发展迅速；文化体制改革不断深化，资源整合取得成效；重点突破取得进展，发展层次得到提升。他们指出了贵州文化产业发展存在的一些主要问题：文化产业基础薄弱，发展相对滞后；精品不多，独具特色的民族文化、历史文化、地貌文化蕴含的产业潜能的开发程度较低；企业规模小，竞争力不强；体制机制不顺，难以适应需要；基础设施落后，发展平台不足；观念滞后，行动跟不上。课题组提出了贵州文化产业发展的思路，即：确定一个目标，实施三个战略，完善四个体系，建设五个基地，打造六大品牌，组建和完善七大集团。课题组认为，贵州文化产业重点是文化旅游业、演艺业、影视广播业、新闻出版业、休闲娱乐业。产业布局应以贵阳为中心，其他市、州、地各区域中心城市为重点，国家级风景名胜区、特色民族文化旅游区、重大历史及自然文化遗址为支撑的区域文化产业布局，着力构建贵阳—安顺—黄果树、贵阳—遵义—赤水、贵阳—凯里—黎（平）从（江）榕（江）、贵阳—都匀—荔波、贵阳—毕节—威宁五大特色文化产业带和兴义、六盘水、铜仁三个特色文化产业聚集区，形成贵州省文化产业"一中心、五带、三区"的发展布局。为加快文化产业发展，课题组提出了加强领导、深化文化体制改革、实施项目带动战略、健全文化市场体系、加强知识产权保护、调整产业布局、文化法规建设、人才队伍建设、品牌战略，以及财政、税收、投融资、土地、工商管理等扶持政策等方面的对策建议。在研究报告中，课题组还根据贵州文化资源的比较优势以及国内外文化产业发展趋势，结合全省文化产业项目申报情况，初步设计出了《多彩贵州》系列开发建设项目、夜郎文化产业园建设项目、大型苗族歌舞场景剧《蔓萝花》、东方大瀑布文化游乐城、世界奇石博览城、多彩贵州文化娱乐商贸中心开发建设项目、珍稀动植物博览园、海龙囤古军事城堡恢复性开发建设等22项重点项目和246个一般项目。

（三）其他研究

另外一些学者对贵州文化产业发展也作出了研究。肖先治认为，贵州的文化产业还处于培育阶段，加快贵州文化产业发展，要以自然风光、民族风情、红色旅游和夜郎文化吸引世人的目光。黄浩、孙晓丽将本省实际与周边省区文化产业优势相比较，认为贵州应以文化旅游业作为突破口，加快文化产业发展，以大企业集团为龙头带动文化旅游业发展。张继增认为，贵州文化发展之路走的是地方特色、民族特色与时代精神相结合的发展之路，基本思路应该坚持一个中心（以繁荣发展文化为中心）。何琼认为，贵州丰厚多样的民族文化在国内甚至在全世界有着较强的唯一性，为了合理利用、有序开发，充分发挥其巨大的经济和社会效益，急需开启"文化引擎"的作用，进一步保护和促进文化的多样化，突出文化的民族个性和自身优势，维系民族文化主权，促进民族文化产权明晰化，加强相关人才的培养。杨涛声分析了县级文化体制改革中的文化管理体制问题、文化思想观念问题、文化资金来源问题、文化从业人员问题、文化产业发展问题，并一一提出了解决思路。另外，在贵州省社科理论界学习贯彻党的十六届五中全会和省委九届八次全会精神座谈会上，有专家指出，实现贵州文化产业的跨越式发展，要在把握文化发展规律，把握周边省区以及全国甚至全球文化发展态势，全面盘点、科学认识贵州文化资源现状及潜力的基础上，以科学发展观为指导，做好贵州文化建设和产业发展的整体规划在规划和战略中突出重点，突出差异性发展（差异性就是不可替代性，就是相对优势），并处理好开发和保护的关系。

三、关于各类文化产业发展的研究

（一）关于新闻服务业的研究

关于贵州日报报业发展的研究。干正书联系贵州日报报业集团的实际，认为省级党报当前有两个问题需要着力解决：一是在市场化的进程中必须坚持以办报为主业；二是在办报的过程中必须认真落实"三贴近"的重要原则。刘庆鹰认为，发展报业经济的关键就是要善于发现人才、重用人才、培养人才、尊重人才、保护人才。彭晓勇就《贵州都市报》的发展认为，报纸质量就是核心竞争力的内核，要顺应社会发展，调整报纸定位；关注本土环境，满足地缘需求；注重品牌扩张，提升竞争效应。邓国超将《新报》创刊一周年取得的成功经验总结为：准确定位，搏击市场；队伍建设，制度取胜；精心策划，内容为王；细分市场，品牌营销；整合资源，编辑、广告、发行三位一体。邓国超循着《新报》的发展轨迹对创新报业营销进行了思考，认为报纸专业化是报业应对分众时代的一个重要手段，《新报》在品牌、内容、读者进行了市场定位，在报纸品质、机制创新、企业文化建设上进一步增强核心竞争力，目标是办成中国最好的时尚周报。曾定洪认为，报业产业绩效管理就是在报业产业的内部组织结构、经营管理的模式、资源配置等方面以最少的投入获得最佳经济效益的管理方法，为此要创新体制机制为有效实施绩效管理提供前提条件，围绕报业优势主业实现多元化经营，整合资产、信息、人力、市场资源实现集团整体竞争力，加强成本预算。曾勤认为，报业集团应在投资决策、筹资、经营过程中做好税收筹划，可从缩小税基、使集团整体适用较低的税率、合理归属集团或集团下属公司所得额的年度、集团整体延缓纳税期限、利用税负转嫁方式降低集团税负水平、平衡集团各纳税单位之间的税负等六个方面进行，以实现集团经济利益最优化。

关于《贵阳日报》发展的思考。孙凤岐认为，《贵阳日报》2005 年改革的最大成功是做到了两条：一条是"唱响主旋律，坚持正确舆论导向不动摇"；另一条就是"践行'三贴近'，增强党报的影响力和竞争力"。贵阳日报社综合实力不断增强，为实施"第三次创业"、做大做强创造了有利条件，第三次创业的目标就是"力争用 5 年左右的时间，努力使贵阳日报社形成跨媒体、跨区域、跨行业，一业为主、多业相辅的强势报业集团"。要以创新机制为"第三次创业"的突破口，以深化改革为动力，扎实推进"第三次创业"。彭明瑞分析了贵阳市的报业市场和《贵州都市报》

《贵阳晚报》《贵州商报》等报纸的相互竞争历程，认为新《贵阳晚报》取得成功的经验在于领导支持有力、队伍精干高效、指导思想正确、办报理念先进、内部管理严格。但《贵阳晚报》《贵州都市报》面临外来强势媒体的竞争压力，应建立一种既竞争又合作的关系，通过这种"竞合关系"来实现双赢，增强实力。王丹阳认为，《贵阳日报》的改革发展之路，从某些方面揭示了中国党报改革发展的必然之路，在创新党报宣传模式、坚持新闻立报原则、成功打造"信息超市"、体现服务群体生活原则等四方面给人以启示。周海燕、戴建伟认为，《贵阳日报》改扩版，不仅就促进其自身核心竞争力提高具有显著成效，而且在提高党报特别是欠发达地区党报舆论影响力方面的探索也有一些值得总结的经验，如指导思想上强调做好"两结合"，在版面形式上强调适应现代传播规律，引入"民生新闻"，提高互动性。

（二）关于文化艺术服务业的研究

对于贵州文艺表演服务的研究。涂冰分析了贵州专业表演艺术团体的主要演出活动形式（规划性演出、指令性演出及参加各种会演）和贵州专业表演艺术团体体制改革的历程、现状及面临的困难，从部分省市近期艺术表演团体体制改革及探讨情况对贵州专业表演艺术团体在体制改革、繁荣文化艺术、人才队伍建设等方面得出了一些有益启示。潘小文回顾了黔剧的艺术历程，分析了面临的剧目建设、音乐创作、人才培养、艺术表演人员文化素质、艺术修养以及敬业精神和职业道德等各种困境，指出只有进一步深化包括行政管理体制、内部体制机制、竞争机制等在内的体制改革，才能振兴黔剧。同时，要继承优秀传统，探索黔剧风格；要狠抓剧目建设，注重创新发展。唐文元对贵州地方剧种——花灯剧的发展进行了历史回顾和现状研究，并对其未来发展进行了展望，认为花灯剧具有再度繁荣的普遍性、抗冲击性、上下热情的一致性等几个特点，但花灯剧的发展存在上头冷、下头热，经济制约，部分技艺失传，缺乏精品，宣传力度不够等几个发展困境。李莉、兰晓原认为，旅游宣传促销，有利于提升旅游目的地的形象，有利于旅游企业发现新的市场机会，有利于形成品牌效应，有利于拓展海外市场。

关于"多彩贵州"的研究。"多彩贵州"的文化经济效益，都给人以启迪。"多彩贵州风"已成为贵州省的标志性文化品牌，在国际著名的搜索网站上搜索"多彩贵州"关键字，约有 333000 项符合"多彩贵州"的查询结果，可见引起了国内外广泛的关注。关于"多彩贵州风"的成功经验，贵州省文化厅总结为：整合全省文化资源，倾力打造艺术精品；坚持走市场运作之路，向市场要社会效益和经济效益；坚持文化与旅游结合，拉动演出市场发展；面向省内外、国内外，展示贵州文化新形象。得出几点启示是：树立自信，坚持创新；更新观念，坚持改革；文企联姻，达到双赢；领导重视，各方支持。徐静认为，"多彩贵州风"走出了"多功能互动、多效益并重"的发展思路和"党政推动、社会参与、市场运作、媒体搭台、文化唱戏"的运作模式。哈思挺认为，2006 年 8 月贵州省在互联网上迅速掀起了"多彩贵州"的报道热潮，宣传了贵州的自然资源、民族风情、历史文化，向外界展示了贵州的新形象，使多彩贵州走向世界，通过互联网使贵州腾飞插上网络的翅膀。王太师认为，"多彩贵州"歌唱大赛留给了媒体如何借助大活动"练兵"、如何集中有限的资源办大事、经济与文化携手仍需努力、如何保护贵州民族民间文化资源、如何引导贵州人的自信心、如何参与树立贵州品牌等课题。《当代贵州》的文章《2005："多彩贵州风"舞动贵州文化产业》认为，通过"多彩贵州风"的成功，已看到了贵州把文化产业培育成为贵州支柱产业和新的经济增长点，文化产业的发展唯有改革才能有出路，要"有信心有志气去探索去实践"。

对于文物及文化保护的研究。潘全英认为，贵州的传统文化资源储量丰富，应该积极加强传统知识保护的主动权，利用资源上、战略上的优势，把贵州建成传统知识研究的前沿阵地和传统知识开发与保护的示范基地，作好市场运作，使资源优势转化为经济优势。罗松华通过对贵州省"民族村镇保护与建设"的工作脉络、经验教训进行梳理，指出只有形成了符合贵州民族村镇有效保护与可持续发展的理论，才有可能确立正确的"保护与建设"策略，制定出符合本土实际的操作方案。范生姣分析了城市化对民族传统文化的影响和冲击，提出"分类分层"的保护原则，从城市建设规划、立法、经费、管理、产权、举办文化活动、增强民众保护意识等方面加强保护工作。王太师以贵州朗德与天龙的案例分析了旅游业发展与传统民族文化保护的矛盾，提出在保护的前提下特别是通过可持续发展旅游业用活文化遗产，用好旅游这把"双刃剑"。谢治菊提出了应对网络文化对少数民族文化冲击的对策。黄晓从知识产权角度分析了文化旅游业存在的资源与资本的不对称问题、资源产权不明确和产权集中出现问题、对民族民间文化内涵的误读问题等几个负面效应，指出保护产业化过程中的民族文化资源的重要途径是建立起有效的知识产权保护制度。张同生分析了文化的民族性和世界性的关系，指出民族民间文化的发展要结合实际运用"和而不同"的规律。李嘉琪分析了中国和挪威联合建设的六枝生态博物馆文化发展与保护的成功案例，胡朝相则提出用六枝生态博物馆建设和发展所依赖的指导原则——"六枝原则"（主要内容是：强调社区居民是文化的主人、创造者、继承者和解释者；在旅游业的发展与文化保护发生冲突时应服从文化；促进社区经济和居民生活发展）来保护民族文化。吕虹提出建立贵州多元民族民间文化传承发展机制的思路与对策：将民族民间文化的传承与发展有机结合起来；以经济利益为导向进行传承发展；保护民族民间文化生态环境；加强民族民间文化保护和传承；发挥民族学校的作用；享受民族优惠政策人员承担保护义务；开发民族工艺品；开展民族文化活动。成荣蕾认为，贵州文化遗产的保护，要树立文化遗产可持续发展理念，加强法制管理、规划管理和监督管理，提高保护效率。刘必强提出了保护利用文物资源的最佳途径，应当以最适当的方式使民族文物资源为社会所共享，将其向社会公众展示和开放使其价值得以体现，成为旅游产业的重要载体，但要加强民族文物资源的收藏、保护、利用工作。

对于文化设施服务的研究。贵州省文化厅分析了文化共享工程在社会教育中的作用，认为贵州省把文化共享工程与广播电视网络工程、党员干部现代远程教育网络工程、农村中小学现代远程教育工程相结合，实现资源共建共享，对农村文化服务起到了良好作用。韦彬分析了贵州省公共图书馆的现状，认为贵州省公共图书馆目前存在馆全面积严重不足、经费短缺、管理体制僵化、人员素质不高等问题，要尽快制定符合贵州实际的图书馆管理办法，加大对贵州公共图书馆的投资与支持力度，才能更好地实现贵州省公共图书馆的功能、作用和宗旨，逐步缩小与东部发达地区图书馆的差距。王曼认为，贵州省图书馆作为全省文献资源中心，应在全省的公共图书馆中起表率作用，坚持社会主义公益事业的办馆方向，创新服务读者，延伸服务领域，成为继续教育培训中心，为推动学习型社会的创建和国民文化素质的提高作出贡献。对于档案事业的发展，刘强认为，"十一五"期间要进一步加强档案法制建设、档案信息化建设和全省档案信息资源共享建设、各级各类档案馆建设、企事业和重点工程档案工作、创新管理模式，加强人才队伍建设，抓好档案事业重点建设项目，更好地促进档案事业与经济社会协调发展。对于文化馆的发展，邬维芬认为，公益性是党和政府对文化馆性质的规定，文化馆要积极践行先进文化的前进方向，做好组织、辅导、示范和引领功能。田黔垣指出基层群艺馆、文化馆存在的独立性不强、业务人才紧缺、基础设施落后、体制落后、财政投入不足等问题，应加大党对群文工作的领导、深化财务体制、引进青年专业人才、拓展服务范围、文化事业与文化产业一起抓。

（三）关于文化旅游业的研究

许多学者分析了旅游业发展的文化内涵。熊宗仁认为，贵州旅游资源得天独厚，旅游业发展现状却是"星光灿烂月不明"（即"散、浅、小、乱、低"），旅游资源的战略重组，需要抓住灵魂。贵州旅游文化的灵魂是贵州独有而又为世所公认的喀斯特风光和可以用夜郎文化作纽带整合起来的民族文化。旅游业发展的突破口要创品牌、舞龙头。按照熊宗仁的分析，在区域经济重组与整合的背景下，构建泛珠三角夜郎文化旅游圈将填补中国古代西南文化板块的一个空洞，促进弱势经济区的资源整合。汪政杰认为，文化是旅游的灵魂，贵州有着独特的民族传统文化和地域文化，利用贵州丰富的文化资源，塑造贵州旅游的文化灵魂，打造贵州旅游品牌，是振兴贵州的一项战略措施。

关于文化旅游业发展战略的研究。蒙永福认为，贵州旅游业的发展，要树立大旅游的观念，重点开发一批旅游精品，增加旅游的文化含量，加快景区建设，营造大旅游环境，开发旅游商品，实施"贵州之旅"的整体形象战略。程世红认为，贵州旅游业在发展进程中，必须清楚自己的优势，如动力优势、机遇优势、资源优势、后发优势等。罗阳认为，贵州省旅游资源的开发目前遭遇到资源开发无特色、基础设施不完善、品牌概念不明确、区域合作程度低等几个突出问题，要从加强区域合作、加大招商引资力度、深挖贵州旅游的核心价值和全方位推广四方面突破贵州旅游发展瓶颈。胡朝映、杨明凯等人认为，贵州丰富的旅游资源大多集中在农村，实施旅游扶贫工程，是一条投入少、成效高的扶贫之路，但要处理好旅游资源开发与利用的关系，做好展示与创新的工作。陈林认为，应转变传统的旅游产业发展观，树立旅游资源综合开发的新理念，将 BOT 方式开发旅游资源的思路纳入旅游资源开发总体规划之中，尽快形成可操作方案，寻求国家发展政策支持，为贵州经济发展争取先机。王军针对贵州旅游业网络营销市场进行分析，认为贵州旅游业的发展应完善贵州旅游业的内部运转机制，改善信息系统的客户关系管理，提高游客的回头率，扩大贵州旅游市场份额，提升贵州旅游业品牌美誉度和旅游产品的知名度。

关于类型文化旅游发展的思考。熊宗仁认为，红色旅游是历史文化旅游中一项政治色彩鲜明的主题旅游，但它不是政治活动，而是产业，它有其自身特殊的规律，更应遵循旅游业的一般规律。发展贵州红色旅游，必须摒弃模仿战略中追赶战略，选择创新战略，要以客源市场为导向，以经典产品为重点，以媒体为纽带。红色旅游应在全球化背景下，由政治层面向历史文化层面延伸，打造综合型、复合型的产品。以政治工程启动，以文化工程支撑，以经济工程落脚，实现社会效益与经济效益双丰收。胡承宁认为，当前贵州对红色旅游重视不够，红色资源深度开发不够，产业链太短，没有形成市场化运作，红色景区道路不便，影响游客参观和游览。针对此，要将红色旅游作为旅游工作的重中之重，进行资源普查和规划，多方筹资，运用高科技手段吸引游客。顾朝曦称，贵州独特神奇、保存较为完好的民族民俗文化，是贵州发展旅游业的后发优势所在。杨正权认为节日文化可推动旅游业的发展，他提出了侗族文化圈旅游资源的保护与建设思路，应举办好三个大节（黎平鼓楼节、榕江萨玛节、从江大歌节），鼓励、引导、扶持六大传统节日（肇兴"月也"、四寨摔跤节、洛香芦笙会、平楼斗牛节、72寨过侗年、三宝吃新节），以大节带传统节，以传统节带动村村寨寨民族文化复兴。俞宗莞认为，屯堡文化要成为旅游市场竞争的高手一定要做到两点（一是争夺以旅行社为主的旅游中间商，二是重视非价格竞争），要有经济实力强、管理水平高的屯堡文化旅游企业，要充分发挥政府的主导作用。

（四）关于广播、影视服务业的研究

关于贵州电视业发展的思考。陈海宇认为，提升电视台舆论影响力需要做强内容产业，内容产业是电视台产业化发展的核心资源和新的经济增长点，发展内容产业是深化电视台体制改革的唯一途径。周妍认为，传媒产业是文化产业化——产业文化化的过程。她分析了凤凰卫视现象和贵州卫视现象。认为凤凰卫视之所以成为全球华人社区具有广泛影响力的华语媒体，是因为凤凰卫视属于创造与技术创新型传媒组织，具有独特的管理机制与激励机制，有着中华文化与西方文化交汇的发展风格，并且能够有效激发每个员工的动力。而贵州卫视作为欠发达地区电视媒体得以超常规发展，是因为贵州卫视确立了跨区域发展的思维，通过政府公关推动了电视业的发展，以及进行了内部公司化改革。虽然凤凰卫视和贵州卫视具有不同的成功经验，却都可以在电视传媒经营的文化本质管理理念方面得出有益启示。

关于贵州广播业的发展。吴晓龙认为，贵州广播处于相对弱势地位，有必要建立一种运营机制，通过网络化发展的方式把根扎到目标市场去，不断汲取优势资源，实现规模化经营。借助连锁经营的战略构思，重组整合贵州的广播资源，形成贵州广播行业整体的拳头，组成贵州的广播网，从而取得社会效益和经济效益的最大化。通过频率品牌化、频率专业化、低成本运营来完善广播产业的市场要素。刘胜提出了在黔南这个内陆经济欠发达地区怎样才能办好广播的思路，认为一要明确广播的"政治属性"，二要确立广播新闻立台的思想，走广播新闻自己的路，三要依靠政府投入"稳台"，四要积极创收兴台。要把握广播"文化属性"，正确认识广播的"经济属性"，确立经营理念，要把节目质量作为广播"立足、生存、发展"的根本。

李新民指出了加快有线电视数字化和网络整合的重要性和紧迫性，分析了数字电视转换和网络整合的可行性、艰巨性和科学性，对数字电视转换和网络整合进行了构想，即：成立贵州省有线电视数字化暨网络整合工作领导小组，制定全省的实施方案；成立贵州省广电网络股份有限公司，各市（州、地）、县（市）分别设立分公司，实行一级法人，分级授权管理运营的现代企业制度；以地、县为单位，在当地党委、政府的统一领导下，由各级网络公司按照有线电视数字化整体转换方案的要求，组织实施一城一地的数字化整体转换。

对于农村广播、电视、电影事业发展的研究。罗建设、杨格辉认为，居住分散、安装入户线路费用高，接收节目少，维修费用难收缴，"小"

锅盖接收系统盛行等因素是 2003 年前影响贵阳市农村广播电视覆盖难和农民看电视难的主要原因，而 2003 年以后实行了以村为单位、每 5 至 8 户组成一个单元共用一套卫星接收天线的新模式解决了这些难题，所以必须创新符合农村经济发展的农村广播电视发展的模式。毕琪回顾了贵州实施农村电影放映"2131 工程"，认为巩固与发展贵州农村电影事业应提高认识，高度重视农村电影工作；充分发挥县级电影公司的主体作用；探索和建立以政府扶持和市场开发相结合的长效运行机制；建立和完善二级电影市场开发体系，促进县级电影产业化的发展。

（五）关于出版发行和版权服务业的研究

关于出版业的研究。刘渝民认为，应把主要精力从过去直接对直属单位的管理转移到对出版市场的监管和对社会公众提供出版业的综合服务上来；在资源投入方面，要按照《出版管理条例》和出版业总量、结构和布局的规划，结合全省社会经济文化发展的需要，审批设立出版行业企事业单位，明确其分工和经营范围；在政策引导方面，要制定宏观调控规划以及关于新闻出版产业发展的经济政策等，促进企业增长方式实现由规模数量向质量效益的转变。另外，要培养人才，保护知识产权，打击非法出版和盗版活动。

关于知识产权保护的研究。黄旭东认为，贵州民族民间医药主要以苗族医药为代表，也包括以汉文献方式记载和各民族口头传承的侗族医药、布依族医药、水族医药等其他少数民族传统医药。对民族民间医药保护的主要途径是知识产权保护，其方式主要有：专利和技术秘密的保护，商标和商业秘密的保护，地理标志及植物新品种的保护等。要达到完全有效地保护民族民间医药知识，仅靠对现有知识产权制度的适用是不够的，须采取一些特殊的保护方式，以弥补现行的知识产权制度在保护民族民间医药方面的制度缺陷。

（六）其他

关于网络文化服务业的研究。张幼琪认为，地方网络媒体在传播全球化过程中的作为，就是以全球为舞台，让世界听到本土的声音；走"信息专卖店"之路，本土化是地方网络媒体发展的必由之路；做好本土文化的"大外宣"是地方网络媒体发展的原动力。在传统工艺品市场研究方面，杨正文对贵州黔东南苗族服饰及其工艺的市场化状况进行了调查，认为苗族服饰及其工艺等传统文化资源的市场化，并非只是最近才出现的现象，它已经有相当长的发展历史，并表现为不同类型的市场化方式。但当全社会的主导经济发生变化，某项大众消费减弱时，原本具有广泛群众基础的某种技艺也就逐渐衰落成为仅有少数人掌握的技艺。因此在倡导非物质文化资源保护时，应给予足够的重视。

第三节　贵州省文化产业研究的阶段性特点

回顾贵州文化产业研究历程，综合贵州文化产业研究的主要内容，可以总结出以下特点。

一、起步晚，但发展快，研究内容丰富

文化产业研究是近年来新兴的研究领域。就全国来说，它大致酝酿于20世纪90年代中后期。与区域经济的较快发展相适应，江苏、广东、浙江、上海、山东、云南等省份在提出了建设"文化大省（市）""文化强省（市）""民族文化大省"时，文化产业研究也同时被提上议事日程。2000年10月十五届五中全会通过的《中共中央关于制定国民经济和社会发展第十个五年计划的建议》，将"文化产业"这一概念第一次在中央正式文件中提出，使得我国文化产业开始纳入国家宏观发展战略的视野，步

入了新的发展阶段，对文化产业的理论与应用研究也逐渐兴起。而贵州在 2000 年以前，所进行的多是区域特色文化的学术性研究，对于文化的"产业"研究或应用研究文献仅是极个别的。2000 年至 2005 年，出现了一些针对某类文化行业发展的研究文献。对贵州省文化产业发展的战略性、全局性、系统性研究文献只是在 2005 年以后才出现。随着近年来贵州文化体制改革和文化产业发展的推进，文化产业研究越来越引起人们的重视。笔者对贵州省各种期刊、报纸进行了检索，近年来有关贵州文化产业的研究成果呈逐年增加趋势，从 2000 年的十几篇发展到 2006 年的一百多篇，研究内容也比较丰富。在基础理论研究方面，重点讨论了贵州文化资源的特征、潜力和价值，文化产业的特点及在贵州经济发展中的重要性，从各种视角对文化产业进行了审视。在可操作性研究方面，分析了文化产业与经济发展的关系，对文化体制改革、文化产业发展战略、文化产业发展规划进行了研究。在区域与特色文化产业研究方面，对黔中、黔北、黔东南、黔西南等文化区域进行了分析，对民族文化、夜郎文化、红色文化、屯堡文化等特色文化产业和区域文化旅游圈建设进行了研究和构想。在类型文化产业研究方面，涉及文化艺术服务业、新闻服务业、文化旅游业、广播、电视、电影服务业、出版发行和版权服务业、网络文化服务业以及其他文化服务业等多个方面，其中以"多彩贵州"、传媒产业发展和特色文化旅游业的研究文献较多。在其他方面，对文化多样性与民族民间文化资源保护、民族文化知识产权问题、工艺市场化问题也进行了研究。这些文献都充分肯定了贵州文化产业在贵州经济社会发展中的作用。

二、文化学术性研究正逐步转向现实应用研究

文化产业研究是当代经济、社会发展新阶段所要求的，已经在一系列学科领域产生了深远的影响。从贵州文化产业研究队伍来看，有科研机构、新闻传媒、宣传文化系统的党政机构、民间机构、文化企业等行业的

广泛参与。从研究视角来看，有民族文化学的路径、经济学的路径、文学艺术的路径、新闻传媒学的路径、哲学研究的路径等，显示了广泛而多样化的学术研究前景，也充分反映出文化产业研究的多学科交叉和综合的特点。同时，贵州的文化产业研究机构还积极参与文化产业发展政策和文化产业发展规划的制定。如参与调研、起草了《中共贵州省委、贵州省人民政府关于推进文化体制改革和加快文化发展的若干意见》《贵州省"十一五"文化建设专项规划》，与文化、新闻、广电、旅游等有关职能部门和各级政府机构共同策划、主办了相关文化产业发展的研讨会。应该说，无论是从哪个角度来看，贵州的文化产业研究已经显示出较突出的实践品格，已经在政策研究领域产生广泛影响。

三、研究起点低，与文化产业发展实践的要求还存在一定距离

贵州的文化产业研究起步晚，还仅仅是一个开端，现有研究状况与经济社会发展的要求和文化产业发展实践的要求还存在一定距离。一是基础研究还很不足。尤其是缺乏对文化发展规律的探索。文化的突出特点之一就是综合性和创新性，必须进行多视角、多层面、深层次、全方位的深入研究，才能厘清文化各组成部分之间的互动关系，探索文化的内部发展规律。另外，也还缺乏对贵州文化资源的全面系统的调查研究，对贵州省文化总的家底还不清楚。对于文化资源中，什么是可以开发的，什么是不能开发或者应该严格禁止开发的；文化资源如何进行市场化运作，采取何种运作方式方法才能开发，还不是很清楚。二是研究视野不开阔，缺乏学科间的融合。文化产业包含了新闻服务、文学艺术、产业经济、区域发展、信息技术等诸多方面的内容，而研究者大多只能从行业角度出发进行研究，只能局限本学科的研究范围内，缺乏横向融合研究。三是应用对策研究还很空乏。文化产业研究的主要目的之一在于开发利用，让其融入社会

经济发展的实践。但目前文化产业研究的现状是，宏观层面的研究多，微观层面的研究较少。大多研究文献仅是从宏观层面来谈论该产业的现状与特点、发展机遇、发展战略与发展对策等，而对某一具体领域的文化产业发展的研究却很少，目前研究得较多的仅是新闻出版、艺术表演、文化旅游业。在一些研究文献中，一般性议论多，实证性的案例研究少，且老生常谈，缺乏新意。当然，由于理论探讨和研究视野上的不足，导致了在应用研究方面缺乏更进一步的思索深度和针对性研究。四是学术成果还较少，成果质量还有待提高。无论是基础研究，还是应用研究的研究成果都还较少。在发表的论文中，大多数论文的内容与深度比较贫乏，对具体内容缺乏实实在在的研究和探讨，具有较高质量的极少，还没有一本专门研究贵州文化产业发展的专著。总的来讲，文化产业理论研究明显落后于现实，需要加强应用理论和对策性研究。

四、研究方法较传统，缺乏创新

作为一个新兴研究领域，贵州文化产业的研究方法还比较传统。一是缺乏必要的定量分析。目前贵州文化产业的相关研究文章，一般方法有文献法、实地调查与观察法、比较法、逻辑分析法等，写作方法仍然以传统的描述和分析方法为主，没有文章应用数理模型进行研究，显然方法性研究还远远不够。当然，这可能与文化产业的统计数据的缺乏有关。二是缺乏经济学方面理论支撑。对文化产业作为"产业"本身的关注不够，缺乏从经济学角度研究文化产业的产业性质。三是对国内外相关理论的借鉴不够，较少有文章引用外文文献。四是缺乏贵州文化资源自身以及与其他区域文化的比较研究。研究方法的缺乏，与当前整体研究力量既薄弱又分散有很大关系，在今后的研究中，需要有效沟通和整合各领域的研究力量，摒弃现有学科上的人为限制，在更为广阔和开放的视野中来研究贵州文化产业。

第二章

贵州省文化产业发展现状及特点

第一节　文化资源情况

贵州丰富多彩的文化资源

文化资源是文化产业发展的核心要素，它为文化产业的发展提供了物质基础。对于文化资源，学术界目前还没有一个权威的定义和约定俗成的概念，产业意义上的文化资源，其范围更是难以界定。本书的描述的文化资源，包括物质文化资源和非物质文化资源。

（一）自然地貌资源

1. 喀斯特岩溶地貌

贵州是世界喀斯特最大东亚片区的中心，也是中国喀斯特发育最重要的省区。全省喀斯特面积达 13 万平方公里，分布在省内 83 个县市，占全省总面积的 73.6%。贵州省的岩溶地貌，区别于云南和广西两省，地表有洼地、峰林、溶丘、天生桥、穿洞等喀斯特形态，地下有洞穴、地下河和石笋、卷曲石等钙质沉积形态以及流痕等多种洞穴溶蚀微形态，地貌类型齐全，几乎发育有世界大陆除冰川喀斯特以外的所有喀斯特地貌，使贵州拥有"喀斯特王国"的美誉。

多种喀斯特个体形态又在不同区域有规律地组合，形成峰林盆地、喀斯特高原峡谷等各种地貌类型。贵州东部以低山丘陵为主；北部喀斯特呈带状相间分布，地下河、溶洞及溶洞泉较为常见；中部由喀斯特丘陵和开阔的溶蚀盆地、宽谷和槽谷组成；南部的喀斯特发育和喀斯特类型为全省之冠，惠水、长顺、紫云、独山、平塘、荔波等地喀斯特发育极为典型，溶洞数量多、规模大、类型和结构较为复杂；西南部以三叠纪海相碳酸盐岩层分布最广，喀斯特形态以峰林及其组合类型为特色，形成许多名胜，如黄果树大瀑布、马岭河峡谷、花江大峡谷等；西部是典型的喀斯特高原山地，著名的"高原明珠"威宁草海就属于喀斯特湖泊。在 2004 年世界遗产展之"中国喀斯特"展上，贵州黔西南自治州兴义市东峰林和西峰林两张图片入选其中。

2. 喀斯特地貌形成神秘的地下资源——溶洞王国

贵州得天独厚的天然洞穴资源无与伦比。就目前全国已探知的洞穴而言，最长的洞是贵州绥阳双河洞，此洞分为上、中、下三层，结构奇特复杂，已测长度达 70.502 公里；最大的洞是中庭紫云的"苗庭"；最美的洞是织金洞。织金洞自 1980 年 4 月 8 日发现以来，1988 年被国务院审定公布为第二批国家重点风景名胜区，1991 年被国家旅游局评选为"中国旅游胜地四十佳"之一，1994 年代表亚洲出席西班牙国际旅游洞穴协会，2004 年被国土资源部批准为国家地质公园，2005 年在"选美中国"排行榜上以 90 分的高分荣获中国最美的六大旅游洞穴榜首，专家给予"梦幻织金洞"的美称。贵州许多洞穴中都有巨大的洞穴厅堂，全世界已知平面面积大于 3 万平方米的单个厅堂共有 24 个，我国就占有 7 个，贵州格必河洞穴系统中的苗厅面积 11.6 万平方米，位居世界第二。

3. 喀斯特地貌与天然山水结合——公园省

贵州的相对封闭和落后，也使得自然山水的原生态保留完好，有"公园省"之美誉。目前贵州拥有黄果树、龙宫、织金洞、红枫湖、舞阳河、兴义马岭河峡谷、荔波樟江、赤水、都匀剑江、九洞天、飞龙洞、黎平侗乡 12 个国家级风景名胜区；铜仁梵净山动植物、茂兰喀斯特原始森林、赤水原生林和草海鸟类栖息衍生地和习水中亚热带常绿阔叶林等 7 处国家级自然保护区；国家森林公园 15 个；省级风景名胜区 57 个，省级自然保护区 3 个，省级森林公园 19 个；国家地质公园 6 个。风光旖旎的自然山水遍布全省，这一生态环境，构成高品位的旅游资源。其中最为突出和开发较早的景区为荔波茂兰自然保护区和黄果树瀑布风景区。茂兰喀斯特森林生态系统，是世界上仅有的研究裸露型锥状喀斯特发育区喀斯特森林植被的自然"底本"，并已被联合国教科文组织纳入"人与生物圈保护区网络"而成为世界生物圈保护地。为了有效保护这一自然遗产，2006 年国家建设部已将茂兰国家自然保护区和大、小七孔景区，与云南石林、重庆武隆捆绑申报"中国南方喀斯特"世界自然遗产。黄果树瀑布是白水河上九级瀑布中的最大一级，是亚洲最大的瀑布。

4. 气候资源——天然空调

贵州属亚热带湿润季风气候，冬无严寒，夏无酷暑，全省年平均气温 10℃～20℃，1 月份 1℃～10℃，7 月份 17℃～28℃，在年气温最高的 7 月份，平均气温也才 22℃～25℃。随着全球气候不断变暖，为贵州旅游度假业带来很好的机遇，在夏季能吸引全国各地的游客。虽然临近城市云南昆明也四季如春，但由于贵州省的紫外线辐射明显低于云南，也就有着独特的优势。"全国紫外线辐射最低"的地方——"龙宫"，就是文化旅游产业可以打出去的招牌。六盘水市连续两年举办的凉都文化节，打出了"凉都"品牌。赤水市在火炉重庆街头打广告，欢迎大家来赤水享受"天然空调"。

5. 奇石文化资源——奇石王国

贵州奇特的喀斯特地形地貌孕育出无数色、形、纹、质俱佳的贵州奇石。由于地形落差造成的深沟高壑比比皆是，贵州省境内的乌江、清水江和南、北盘江奇石资源非常丰富，贵州在 20 世纪 90 年代被国内奇石界同行盛赞为"奇石王国"。贵州奇石种类繁多，储量丰富；古生物化石形态逼真，古拙古雅；矿物晶体五光十色。凯里动物群、兴义贵州龙动物群和关岭海百合等化石最为出名，海百合化石被誉为"永不凋谢的奇花"。贵州还有"矿物晶簇王国"的美称，已探明的矿种达 104 种之多，有水晶、萤石、石英、文石、石膏、重晶石、方解石等晶簇，其中"辰砂王"的全球知名度很高，邮电部发行的唯一一套四枚"矿物晶体"邮票，贵州产出的辰砂王荣登榜首。

（二）历史文化资源

贵州历史源远流长，文物古迹遍及全省。目前全省具有一定价值的文物古迹 4000 多处，现有各类古遗址 58 处，古建筑 73 处，岩画、石刻 185 处。其中列为全国重点文物保护单位的 19 处，列为省级文物保护单位的 285 处。另外，通过大量的考古、文献、文学形式积淀下来的地域历史文化，如夜郎文化资源，我们也将它纳入历史文化资源类。

1. 史前文化

从出土文物考证，贵州史前文化绚烂多姿。目前已发现旧石器时代遗址 60 多处，散布于全省各地。其发现的"观音洞文化"与"北京周口店文化""山西西侯度文化和匼河文化"被称之为"我国旧石器时代早期文化的三个代表"。另外，"桐梓人""水城人""大洞人""兴义人""穿洞人""桃花洞人"等的发现，说明贵州史前文化的丰富。贵州因古脊椎动物化石"贵州龙"、侏罗纪时代恐龙化石及其他古生物化石的发现，使贵州成为重要的古生物研究之地。

2. 夜郎文化

夜郎国属地至今没有定论，有人试图从出土的大量青铜文物揭开夜郎之谜；有人试图从古代历史文献、地名发音等考证夜郎的范围；也有人试图从流传至今的古歌、传说、民间文学中，寻找夜郎的踪影。对夜郎文化的诠释，有的以夜郎国王是竹王，便认定夜郎文化就是竹文化；有的认为夜郎文化包括采集、渔猎、农耕三大文化；有的认为傩文化是夜郎文化的精华，莫衷一是。今天我们所说的"夜郎文化"不是特指两千多年前存在的夜郎国文化，而是泛指自夜郎以来，各民族在这片土地上共同创造并与周边各民族各地区相互影响、融合而成的文化。由于司马迁的"夜郎自大"典故，世人自然将贵州与其相联系，无形中构成了一张文化金字招牌，如果将这一文化资源进行充分的产业开发，将创造出巨大的经济价值。贵州目前已打出了不少"夜郎"牌，如六盘水凉都文化节的夜郎文化论坛、电视剧《夜郎王》的拍摄、玉舍国家森林公园修建的夜郎王宫及系列建筑群，花溪党武乡的夜郎谷喀斯特生态园，贵州茅台镇夜郎古酒厂"夜郎王酒"等。

3. 土司文化资源

贵州土司制度形成于元末明初，是我国封建中央王朝推行于少数民族地区的政策措施和统治形式，当时由中央政府指定少数民族部族首领充任当地的各级官吏，史称土司和土官。元代的贵州尚未建省，分属湖广、四川、云南三个行省边远毗邻地区，民族情况复杂，社会经济发展滞后，土官的设置特别密集，成为一个重要的土司地区。主要有：（1）八番顺元等处宣慰司管辖下的顺元路军民安抚司，领蛮夷长官司二十二个。它以今贵阳为中心。包括修文、息烽、开阳，东至龙里，西迄黔西，南接惠水，地处贵州中部各重要驿道交会处，为军事重镇，设有都元帅府控摄。八番九安抚司及蛮夷长官司即在原八番之地设立九个安抚司和三个蛮夷长官司，但其地狭小，九个安抚司的治所均集中在今惠水县。其辖境包括惠水全境、平塘西部、长顺东部、罗甸北部和贵定南部。管番民总管府之"总管"为元代唯有的一种土官职衔。领有金竹府、都云军民府、乖西军民府及十一州、三十九蛮夷长官司，后改都云军民府为都云定云安抚司，在今黔南州境内。思州军民安抚司设治水德江（今德江），后迁龙泉坪（今凤冈），又因司署毁于火，移治清江（今岑巩），称新治为思州，而称故思州为思南。领一府、十四州、一县、五十二长官司，辖地甚广，包括今铜仁地区及黔东南州的一部分。（2）沿边溪洞宣慰司管辖下的播州军民安抚司，领有一府、三十二长官司，辖今黔北遵义地区及黔东南州部分。新添葛蛮安抚司，治今贵定，领有八州、一县、一百二十蛮夷长官司。（3）亦溪不薛宣慰司。即历史上的"水西"地区，罗施鬼国故地，为彝族阿哲部长期统治的十三则溪，主要在今黔西北毕节地区境内。（4）乌撒乌蒙宣慰司。属地多在云南今昭通地区，惟乌撒路辖今贵州威宁、赫章、水城县境。（5）曲靖等路宣慰司军民万户府下的普安路。辖有今贵州盘县、兴义、兴仁、普安。普定路辖有今安顺、普定、晴隆、平坝、紫云、镇宁、关岭等县境（余宏模：《元末明初的贵州土司》，《贵州日报》2003年7月22日第7版），如此计算，贵州有土司大大小小上千个，最为著名的有四大土司，即思州田氏、播州杨氏、水西安氏和水东宋氏土司。其中保留至今的位于贵州省毕节市东北隅100公里大屯乡的大屯土司园是全国重点文物保护单位中的四处土司衙门之一。又如思州土司统治沿河长达六百余年，对沿河社会秩序的稳定和社会经济的发展都起到了一定推动作用。土司制度遗留下许多制度文化和历史文物，这些物质和非物质文化遗产，都能通过挖掘实现资源再生价值。目前在黔菜中已经有对土司菜系进行整理和包装，在旅游业中土司遗存如海龙囤、大屯土司庄园、水西奢香墓等，都已成为重要的旅游资源。

4. 墓穴文化

贵州的古墓葬和历史人物墓都具有很高的考古价值，在赫章可乐等地已发现多处战国至"两汉"的墓群，出土了大量的文物。在历史人物墓中，主要有杨粲墓、奢香夫人墓、明十八先生墓、何腾蛟墓、郑珍墓、莫友芝墓、黎庶昌墓。其中奢香夫人和明十八先生因历史事件而备受今人关注，《奢香夫人》历史剧在 20 世纪 60 年代曾轰动全国，近十多年来，奢香文化已成为乌蒙历史文化的象征，吸引众多中外游客。

5. 神秘岩画

贵州岩画具有完整的文化系列，是社会发展的真实写照。现今已发现六枝桃花洞岩画、兴义猫猫洞岩画、安龙七星洞岩画、关岭马崖岩画、牛角井岩画、开阳画马崖岩画、贞丰七马图岩画、红岩脚岩画、紫云打鼓洞岩画、长顺龙家院岩画、狮子山岩画、册亨郭家洞岩画、镇宁乐红村岩画、丹寨银子洞岩画、息烽大塘口岩画、花溪金山洞岩画、西秀画马岩岩画、龙里巫山岩画等。被称为"黔中第一奇迹"的"红崖天书"，位于贵州关岭县城东 25 千米处的红色岩壁上，曾引起世界关注，文字学、历史学、社会学、文化学以及寻秘人士都从不同的角度对它进行过考证和探秘，但至今仍然是"天书"，其神秘性也构成了它的产业开发价值。

6. 屯堡文化

目前贵州的屯堡文化以遵义市近郊的军事古堡"海龙囤军事古城堡"和位于安顺市近郊的"云山屯"为代表，都是全国重点文物保护单位。海龙囤军事古城堡，是著名的宋代播州土司城堡，是一座国内罕见的保存完好的古代军事要塞，始建于南宋理宗宝祐五年（公元 1257 年），又名龙岩囤，现今城墙、关隘、皇宫中轴踏步、建筑基石、水牢、卡门等石砌建筑仍保留400年前的规模。安顺屯堡群，形成于明朝。600年后的今天，其他各地的卫所早已荡然无存，唯有贵州将屯堡文化比较完整地保存下来。安顺"云山屯"古建筑群位于安顺市西秀区七眼桥镇南8公里处，由云山屯、本寨两个自然村中的明、清屯墙、民居、寺庙、戏楼等建筑组成。这两个村寨堪称贵州西部"屯堡人"聚居村寨的典型代表。如今在这里还找寻得到江南的建筑文化、服饰文化、民间文化和随军文化的影子，这些文化与当地本土文化交织，形成魅力无穷的"屯堡文化"。

7. 阳明文化

明代著名的哲学家、教育家、思想家、军事家王阳明被谪官为贵州龙场驿丞，龙场悟道，诞生心学，后来此学说遍播全省、全国和世界，形成今天的阳明文化。目前贵州省修文县已经成功举办了四次国际王阳明学术研讨会和三届贵阳阳明文化节，有学者提出要打造以大贵阳为中心、范围涉及省内8个地州市20多个县市的阳明文化旅游圈，将这一优秀的人文资源为今人带来社会效益和经济效益。

8. 红色文化

贵州目前保留下来的红色文化资源有"黎平会议会址""遵义会议会址""四渡赤水"赤水胜地、息烽集中营旧址等。目前遵义市已经被国家旅游部门列入全国范围内重点建设的10个"红色旅游基地"之一，目前，贵州正在大力打造红色旅游品牌，先后投入大量资金对遵义会议会址、红军烈士陵园、娄山关、四渡赤水等红军当年的战斗遗址进行保护，并与本地其他旅游资源进行整合，统一开发，为红色旅游奠定基础。

（三）民族文化资源

1. 民族节日丰富多彩

据不完全统计，全省少数民族的传统节日有400多个，集会地点1000多个。著名的有苗族的"姊妹节""四月八""龙舟节""芦笙节""苗年"；布依族六月六的"查白歌节"；侗族的"歌酒节"；彝族的"赛马节""火把节"；土家族和仡佬族的"吃新节"，水族的"端节""卯节"等。目前全省各地纷纷利用民族节日推介当地，如黔东南的"苗年文化周"、黔西南的"六月六布依族风情节"等。

2. 民间艺术绚丽多姿

贵州民族民间文学丰富多彩，神话、传说、诗歌、散文都散发着浓郁的民族气息。贵州是一个歌舞的海洋，苗族有热情奔放的"飞歌"、优美抒情的"游方歌"、质朴庄重的"古歌""酒歌"、独具特色的芦笙舞、木鼓舞、踩鼓舞等。侗族"大歌"的歌声洪亮，气势磅礴，曲调庄严，音域宽阔，曾多次以她原汁原味的民族歌调在国内获奖。黔南、黔西南的布依族舞蹈有几十种，歌有大调、小调、大歌、小歌等，且注意押韵，有"有歌都有韵，无韵不成歌"之说；布依族的古老民间曲艺"八音坐唱"，其天籁之音被称为声音活化石。水族的铜鼓舞、斗牛舞、狮子舞、龙舞等亦颇有特色。黔东北的土家族有哭嫁歌、伴嫁歌、酒歌、情歌、劳动歌、祝福歌等。贵州戏曲主要有侗戏、布依戏、傩戏、地戏。地戏和傩剧被誉为"古代戏剧的活化石"。

3. 民族建筑特色鲜明

贵州的民族建筑在中国建筑史上占有重要的一席之地。苗、布依、侗、水、瑶等民族的干栏式吊脚楼，布依族、仡佬族的石板房、彝族的土司庄园，瑶族的歇山顶茅屋，苗族的大船廊、木鼓房、铜鼓坪、芦笙堂、妹妹棚、跳花场，侗族的鼓楼、花桥、戏楼、祖母堂，布依族的凉亭、歌台，彝族、水族的跑马道等，从多侧面、多层次反映了贵州各族人民的社会文化生活和创造才能。尤其以侗族鼓楼、风雨桥，布依族石板房，苗族吊脚楼最具特色，被国内外专家誉为"建筑艺术的精华""民族文化的瑰宝"。

4. 民族手工技艺精湛繁多

贵州著名的民族工艺主要有：安顺蜡染、三刀、地戏面具、大方漆器、玉屏箫笛、黄平泥哨、织金砂陶、赤水香扇、平塘牙州陶、荔波凉席、万山竹雕、晴隆翡翠、普定土陶、印江的白皮纸、石雕以及遵义、贵定的通草堆画和思州、普安的石砚等。少数民族的挑花、刺绣、织锦也较为有名，史称"苗绣""侗绣"。苗、侗族群众的银饰，是民族风采最为浓厚的工艺品，苗乡侗寨到处可见各种各样的银饰，还有专门民族工匠制作销售，如雷山县大沟乡的马高、麻料、控拜3个村寨，家家户户都会制作银饰，是有名的"银匠村"。

5. 原生宗教文化资源

贵州少数民族的巫文化、自然崇拜、祖先崇拜等体现了各民族的哲学思想，反映出文化多样性。如苗族的原生宗教、彝族的毕摩、布依族的摩经反映出一个民族的精神信仰。

6. 民族村寨生态景观

目前贵州省已实施建设的民族文化生态博物馆项目有梭嘎、镇山、隆里、堂安4座自然生态博物馆和青岩古镇、黎平肇兴村、从江邑沙寨、三都怎雷寨、雷山西江寨、赤水大同古镇等共10个。另外，贵阳的香纸沟布依寨、雷山西江苗寨、雷山郎德苗寨、凯里寨瓦苗寨、清镇黑土苗寨、镇宁滑石哨布依寨、水城青林苗寨、水城海坪彝寨、六枝坝湾布依寨、安顺娄家庄苗寨等民族村寨，都还保留着各具特色的民族文化和生活习俗。

7. 民族习俗、礼俗

贵州少数民族讲礼仪，重情感，强调人际关系的和睦与相互尊重，沿袭着许多古朴优良的风俗习惯，如敬酒礼俗。贵州少数民族热情好客，以各种礼节表示对宾客的欢迎。苗族的敬牛角酒、"转转酒"，侗族的"拦路歌"，布依族、水族的敬酒歌等等。许多婚俗、习俗，带有浓郁的民族特色，如"游方"（苗族）、"踩月亮"（苗族）、"椰梢"（布依族）、"行歌坐月"（侗族）、对歌（各少数民族）等。

8. 民族传统体育与竞技

贵州少数民族体育活动多为欢庆民族节日的活动内容，粗犷、淳朴，充满着醇酽的生活情趣，有着浓厚的乡土气息，如抱腰、武术、跑马、斗牛、踩鼓、跳芦笙、龙船竞赛、抢花炮等传统民族体育项目和竞技活动。贵州黔东南苗族"龙船节"上的龙船竞赛、每年举行的"斗牛"活动，吸引来自省内外的游客。侗族的"抢花炮"，民族特色浓郁，除观赏性娱乐性很强外，文化底蕴很深。

第二节 总体及结构发展情况

一、产业总体持续高速发展

从 2011 年至 2015 年贵州省文化及相关产业发展变动情况看，贵州省文化产业持续高速发展的态势较为明显。2011 年底，贵州省文化产业单位共有 6706 个，比上年增加 659 个；个体工商户 23027 户，比上年增加 2.88 万人；收入为 393.99 亿元（含文化旅游收入 141.50 亿元），比上年增加 72.34 亿元，同比增长 22.49%；全省文化产业增加值达到 140.23 亿元（含文化旅游增加值 40.59 亿元），比上年增加 28.02 亿元，同比增长 24.97%；全省文化产业增加值占 GDP 的比重为 2.46%，比上年增加 0.02 个百分点。2012 年底，全省文化产业单位共有 8429 个，其中法人单位 7782 个，产业活动单位 647 个；个体工商户 27649 户；共有从业人员 23.2 万人，收入 386.19 亿元，全省文化产业增加值达到 152.03 亿元，占 GDP 的比重为 2.22%。2013 年底，全省文化产业单位共有 11698 个（包含企业、行政事业和社团单位），其中法人单位 10643 个，产业活动单位 1055 个，文化产业单位比上年增加 3269 个；个体工商户 50344 户，比上年增加 22695 户；共有从业人员 32.82 万人，比上年增加 9.62 万人；收入 483.00

亿元，比上年增加 96.81 亿元；全省文化产业增加值达到 209.72 亿元，比上年增加 57.69 亿元；占 GDP 的比重为 2.62%，比去年提升 0.4 个百分点。2014 年，全省从事文化产业的单位 12911 个，比上年增加 1213 个，增速为 10.37%。其中，执行企业会计制度单位 9226 个，比上年增加 770 个；执行行政事业会计制度单位 3098 个，比上年增加 402 个。从文化产业的社团数来看，2014 年社团数共有 402 个，比上年增加 41 个，增速为 7.5%。个体户数有 51336 户，比上年增加了 992 户，增速为 2%。文化产业从业人员有 36.48 万人，比上年增加 3.66 万人，增速为 11.15%。2014 年，全省文化产业发展的增加值为 296.85 亿元，比 2013 年增加 87.13 亿元，增速 41.55%；增加值占全省 GDP 的比重 3.21%，比 2013 年的 2.62% 提高了 0.59 个百分点；在文化产业发展收入上，全省文化产业收入 705.68 亿元，比 2013 年的 483 亿元增加了 222.68 亿元。2015 年底，全省有文化及相关产业单位 15262 个（包括行政事业单位、社团和企业），比上年增加 2351 个，增长 18.2%；个体工商户 28818 户，比上年减少 22518 户，下降 43.9%；从业人员 30.73 万人，比上年减少 5.75 万人，下降 15.8%；文化及相关产业收入 827.14 亿元，比上年增加 121.46 亿元，增长 17.2%；文化及相关产业增加值 344.44 亿元，比上年增加 47.59 亿元，名义增长 16.0%；增加值占 GDP 的比重为 3.28%，比去年提高 0.07 个百分点。（详见表 2 - 1）

表 2 - 1　2012—2015 年贵州省文化产业主要指标情况

指　标	2012 年	2013 年	2014 年	2014 年比 2013 年增长	2015 年	2015 年比 2014 年变动
文化产业单位数（个）	8429	11698	12911	1213	15262	2351
其中：执行企业会计制度单位数（个）	5528	8456	9226	770	11400	2174
执行行政事业会计制度单位数（个）	2365	2696	3098	402	2988	-110
社团单位数（个）	536	546	587	41	874	287
个体户数（户）	27649	50344	51336	992	28818	-22518

指　标	2012 年	2013 年	2014 年	2014 年比 2013 年增长	2015 年	2015 年比 2014 年变动
从业人员数（万人）	23.2	32.82	36.48	3.66	30.73	−5.75
收入（亿元）	386.19	483	705.68	222.68	827.14	121.46
增加值（亿元）	152.03	209.72	269.85	87.13	344.44	47.59
增加值占 GDP 比重（%）	2.22	2.62	3.21	0.59	3.28	0.07

资料来源：2012—2015 年贵州省文化产业发展统计报告。

二、产业结构不断优化

从文化产品的生产和文化相关产品的生产两大层别的构成看，2012 年贵州省文化产品的生产增加值为 109.73 亿元，占全省文化产业增加值的 72.18%；文化相关产品生产增加值为 42.30 亿元，占全省文化产业增加值的 27.82%。文化产品生产中增加值比重最高的是文化休闲娱乐服务行业，其增加值占文化产品生产的 37.72%；文化相关产品生产中增加值比重最高的是文化用品的生产行业，其增加值占文化相关产品生产的 55.96%。2013 年文化产品生产的增加值为 154.92 亿元，比上年增长 45.19 亿元，占全省文化产业增加值的 73.87%；文化相关产品生产的增加值为 54.80 亿元，比上年增长 12.50 亿元，占全省文化产业增加值的 26.13%。可以看到文化产品的生产部分是文化产业的主要构成，2013 年该部分的比重继续增加，文化产品生产中增加值比重最高的与上年相同，依然是文化休闲娱乐服务行业，其增加值占文化产品生产的 44.55%；文化相关产品生产中增加值比重最高的是文化用品的生产行业，其增加值占文化相关产品的生产的 67.77%。2014 年全省文化产品的生产收入 463.75 亿元，文化相关产品收入 214.93 亿元，增速分别是 35.23% 和 98.35%，二者结构比重为 66∶34。与上年相比，文化产品的生产收入进一步提高，增长速度高于文化相关产品的生产，文化产品的生产和文化相关产品的生产收入结构进一步优化。文化产品生产的增加值为 227.28 亿元, 比上年增加 72.36 亿元, 占全省文化产业增加值的 76.56%; 文化相关产品生产的增加值为 69.57 亿元, 比去年增加 14.77 亿元, 占全省文化产业增加值的 23.44%。文化产业的两大部分增加值比值为 3.27:1, 结构较为合理。文化产品的生产增加值占全省 GDP 的 2.46%, 比上年提高了 0.52 个百分点; 文化相关产品的生产占全省 GDP 的 0.75%, 相比 2013 年提高了 0.07 个百分点。整体来看, 文化产业产值占 GDP 的 3.21%, 较上一年提高了 0.59 个百分点。2015 年全省文化及相关产业中文化产品的生产收入 558.88 亿元, 占全部文化及相关产业收入的 67.6%, 结构比重比上年提高 1.9 个百分点; 增加值 268.49 亿元, 占全部文化及相关产业增加值的 78.0%, 结构比重比上年提高 1.4 个百分点, 文化产品的生产在全省文化及相关产业的份额继续加大。(详见图 2-1、图 2-2)

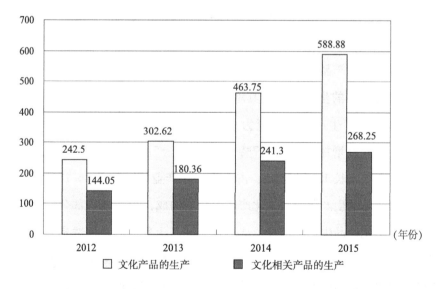

图 2-1 2012—2015 年贵州省文化产业的收入 (单位: 亿元)

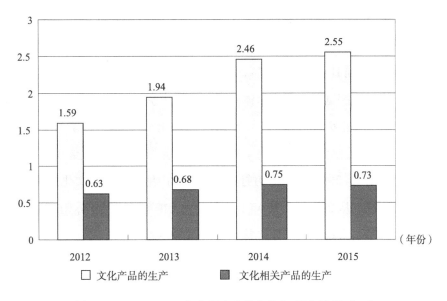

图 2－2　2012—2015 年贵州省文化产业占 GDP 比重（%）

三、十大行业竞相发展

从 2014—2015 年贵州省文化发展十大行业情况看，呈现竞相发展态势，2014 年十大行业增加值的增速超过 GDP 增速，达到 41.55%。其中九大行业保持高速增长态势，平均增长速度超过 56.14%。在各行业中，文化休闲娱乐服务业增加值最高 84.66 亿元；最低的是文化专用设备生产业，增加值为 0.50 亿元。新兴文化产业发展速度加快，以文化创意、广告设计、文化产业化软件、文化娱乐开发等为主的文化创意产业实现增加值 39.78 亿元，占全省文化产业增加值 13.40%，同比增长 55.94%。以文化和科技融合发展为主的文化信息传输服务实现增加值 24.99 亿元，占全省文化产业增加值 8.18%，同比增长 162.31%。传统文化产业的增加值增幅较小，处于转型升级调整期。在传统文化产业中，文化艺术服务发展最快，实现增加值 18.81 亿元，占全省文化产业增加值的 6.34%。新闻出版服务实现增加值 17.08 亿元，占全省文化产业增加值的 5.75%。广播电视电影服务实现增加值 10.87 亿元，占全省文化产业增加值的 3.66%；随着互联网等新技术的发展，传统文化产业面临巨大挑战。2015 年以广告服务、设计服务、文化软件服务为主的文化创意和设计服务取得业务收入151.74 亿元，同比增长 66.3%，实现增加值 57.97 亿元，同比增长45.7%；以景区游览服务、娱乐休闲服务和摄影扩印服务为主的文化休闲娱乐服务取得业务收入 165.95 亿元，同比增长 32.2%，实现增加值111.42 亿元，同比增长 31.6%。两大行业增加值结构比重由上年的41.9% 提高到 49.2%，贵州着力打造以民族和山地为特色的文化旅游产业特点初步显现。从 2014—2015 年十大行业发展情况看，文化休闲娱乐服务业实现增加值一直排十大行业之首。（详见表 2－2）

表 2－2　贵州省文化及相关产业十大行业增加值结构变动情况

文化产业行业大类	2014 年		2015 年	
	增加值（亿元）	结构比重（%）	增加值（亿元）	结构比重（%）
文化休闲娱乐服务	84.66	28.5	111.42	32.3
文化创意和设计服务	39.78	13.4	57.97	16.8
文化用品的生产	50.43	17.0	52.94	15.4
工艺美术品的生产	31.79	10.7	32.21	9.4
文化产品生产的辅助生产	18.64	6.3	22.11	6.4
文化艺术服务	18.81	6.3	21.28	6.2
文化信息传输服务	24.29	8.2	19.32	5.6
新闻出版发行服务	17.08	5.8	14.51	4.2
广播电视电影服务	10.87	3.7	11.78	3.4
文化专用设备的生产	0.50	0.2	0.9	0.3
总计	296.85	100.0	344.44	100.0

资料来源：2014—2015 年贵州省文化产业发展统计报告。

第三节　十大行业发展状况

一、新闻出版发行服务业稳步发展

2014 年，全省新闻出版发行服务单位有 367 个，比上一年减少 122 个；个体工商户 2505 户，比上一年增加 133 户；从业人员 15894 人，比上一年增加 662 人；实现行业增加值 17.08 亿元，比上一年增长 5.37%，增加值占 GDP 的比重为 0.18%，较上一年有所提高。新闻出版行业收入 69.47 亿元，比上一年增长 31.04%。全省新闻出版各种图书 866 种，其中新出版 740 种，占图书出版的 85.45%；总印数达到 10650 万册，比上一年增长了 69.61%。出版杂志 90 种，全年共印刷 1523 万册，平均每期印数 84 万册。出版报纸 42 种，总印数 36409 万份，比上年减少 2545 万份，每期平均印数 147 万份。2015 年全省新闻出版发行服务单位有 355 个，个体工商户 4897 户，从业人员 17178 人，收入共计 72.71 亿元（含执行企业会计制度的综合单位营业收入、执行行政事业单位会计制度的综合单位事业收入和事业单位经营收入、个体工商户的营业收入，下同），实现增加值 14.51 亿元，占全省 GDP 的比重为 0.14%。

全年出版各种图书 738 种，其中新出版 564 种，总印数达到 9636 万册；出版各种杂志 90 种，总印数达 1756 万册，每期平均印数 80 万册。出版各种报纸 42 种，总印数 9109 万份，较上年减少 27300 万份。（详见表 2－3）

表 2－3　贵州省新闻出版发行服务业概况

指　标	单位	2013 年	2014 年	2015 年	2015 年比 2014 年变动
增加值	亿元	11.71	17.08	14.51	－2.57
增加值占 GDP 的比重	%	0.14	0.18	0.14	－0.04
收入	亿元	38.43	69.47	72.71	3.24
新闻出版发行服务单位数	个	489	367	355	－12

指 标	单位	2013 年	2014 年	2015 年	2015 年比 2014 年变动
个体工商户数	户	2372	2505	4897	2392
从业人员数	人	15232	15894	17178	1284
出版图书	种	928	866	738	-128
其中：新出版	种	698	740	564	-176
总印数	万册	6279	10650	9636	-1014
出版杂志	种	88	90	90	0
总印数	万册	1575	1523	1756	233
每期平均印数	万册	84	84	80	-4
出版报纸	种	43	42	42	0
总印数	万份	38954	36409	9109	-27300
每期平均印数	万份	156	147	—	—

资料来源：2013—2015 年贵州省文化产业发展统计报告。

二、广播电视电影服务业

2015 年贵州省广播电视电影服务单位有 331 个，个体工商户 13 户，共有从业人员 8322 人，收入 24.64 亿元，实现增加值 11.78 亿元，占全省 GDP 的比重为 0.11%。

年末共有广播电视台 85 座，广播自办节目 46 套，电视自办节目 103 套；有线广播电视用户 421.92 万户，有线广播电视入户率 33.1%；广播节目综合人口覆盖率为 92.30%，比上年提高 0.78%；电视节目综合人口覆盖率为 95.97%，比上年提高 0.58%。（见表 2-4）

表 2-4 贵州省广播电视电影服务业概况

指 标	单位	2013 年	2014 年	2015 年	2015 年比 2014 年变动
增加值	亿元	7.01	10.87	11.78	0.91
增加值占 GDP 的比重	%	0.09	0.12	0.11	-0.01
收入	亿元	10.24	27.23	24.64	-2.59
广播电视电影服务单位数	个	302	314	331	17
个体工商户数	户	34	29	13	-16

指　　标	单位	2013 年	2014 年	2015 年	2015 年比 2014 年变动
从业人员数	人	7451	9095	8322	-773
广播电视台	座	85	84	85	1
广播节目套数	套	38	40	46	6
电视节目套数	套	102	102	103	1
有线广播电视用户	万户	394.28	386.18	421.92	35.74
有线广播电视入户率	%	32.1	30.79	33.1	2.31
广播综合人口覆盖率	%	90	91.52	92.30	0.78
#农村	%	88.6	—	—	—
电视综合人口覆盖率	%	94.1	95.39	95.97	0.58
#农村	%	93.4	—	—	—

注：从 2015 年起，广播电视电影服务业有关"#农村"的统计指标，国家新闻出版广电总局已取消，不再纳入统计范围。

资料来源：2013—2015 年贵州省文化产业发展统计报告。

三、文化艺术服务业

贵州省共有博物馆、纪念馆 73 个，群众艺术馆、文化馆 98 个，公共图书馆 96 个，档案馆 108 个。2015 年全省文化艺术服务单位有 3665 个，个体工商户 751 户，共有从业人员 72388 人，收入 18.61 亿元，实现增加值 21.28 亿元，占全省 GDP 的比重为 0.20%。（见表 2 - 5）

表 2 - 5　贵州省文化艺术服务业概况

指　　标	单位	2013 年	2014 年	2015 年	2015 年比 2014 年变动
增加值	亿元	12.61	18.81	21.28	2.47
增加值占 GDP 的比重	%	0.16	0.21	0.20	-0.01
收入	亿元	8.34	14.18	18.61	4.43
文化艺术服务业单位数	个	2808	3397	3665	268.00
个体工商户数	户	2551	3000	751	-2249.00
从业人员数	个	55771	67386	72388	5002.00

指　标	单位	2013 年	2014 年	2015 年	2015 年比 2014 年变动
博物馆、纪念馆	个	75	74	73	-1.00
群众艺术馆、文化馆	个	98	98	98	0.00
公共图书馆	个	94	95	96	1.00
档案馆	个	94	98	108	10.00

资料来源：2013—2015 年贵州省文化产业发展统计报告。

四、文化信息传输服务业

2015 年贵州省文化信息传输服务单位有 417 个，比去年减少 8 个；个体工商户 4 户；从业人员 12590 人，比去年减少 6520 人；收入 33.52 亿元，实现增加值 19.32 亿元，占全省 GDP 的比重为 0.18%。（见表 2 - 6）

表 2 - 6　贵州省文化信息传输服务业概况

指　标	单位	2013 年	2014 年	2015 年	2015 年比 2014 年变动
增加值	亿元	9.26	24.29	19.32	-4.97
增加值占 GDP 的比重	%	0.12	0.26	0.18	-0.08
收入	亿元	16.07	44.72	33.52	-11.20
文化信息传输服务业单位数	个	452	425	417	-8
个体工商户数	户	8	8	4	-4
从业人员数	人	12096	19110	12590	-6520

资料来源：2013—2015 年贵州省文化产业发展统计报告。

五、文化创意和设计服务业

2015 年贵州省文化创意和设计服务单位有 4135 个，比上年增加 1239 个；个体工商户 2678 户，比上年增加 36 户；从业人员 38807 人，比上年减少 1744 人；收入 151.74 亿元，实现增加值 57.97 亿元，占全省 GDP 的比重为 0.55%，增加值名义增速 45.7%，行业实现较快增长。（见表 2 - 7）

表 2-7 贵州省文化创意和设计服务业概况

指 标	单位	2013 年	2014 年	2015 年	2015 年比 2014 年变动
增加值	亿元	25.51	39.78	57.97	18.19
增加值占 GDP 的比重	%	0.32	0.43	0.55	0.12
收入	亿元	56.4	91.24	151.74	60.50
文化创意和设计服务业单位数	个	2306	2896	4135	1239
个体工商户数	户	2725	2642	2678	36
从业人员数	人	32086	40551	38807	-1744

资料来源：2013—2015 年贵州省文化产业发展统计报告。

六、文化休闲娱乐服务业

2015 年贵州省文化休闲娱乐服务单位有 3343 个，比上年增加 864 个；个体工商户 5849 户，比上年减少 8844 户；从业人员为 78359 人，比上年减少 9700 人；收入 165.95 亿元，实现增加值 111.42 亿元，占全省 GDP 的比重为 1.06%，比上年上升 0.14 个百分点。（见表 2-8）

表 2-8 全省文化休闲娱乐服务业概况

指 标	单位	2013 年	2014 年	2015 年	2015 年比 2014 年变动
增加值	亿元	69.02	84.66	111.42	26.76
增加值占 GDP 的比重	%	0.86	0.92	1.06	0.14
收入	亿元	120.2	125.54	165.95	40.41
文化休闲娱乐服务业单位数	个	2328	2479	3343	864
个体工商户数	户	15347	14693	5849	-8844
从业人员数	人	91328	88059	78359	-9700

资料来源：2013—2015 年贵州省文化产业发展统计报告。

七、工艺美术品生产业

2015 年贵州省工艺美术品生产服务单位有 1548 个，比上年增加 77

个；个体工商户 3140 户，比上年减少 4405 户；从业人员 27977 人，比上年减少 12211 人；收入 91.71 亿元，实现增加值 32.21 亿元，占全省 GDP 的比重为 0.31%。(见表 2 - 9)

表 2 - 9　贵州省工艺美术品生产业概况

指　　标	单位	2013 年	2014 年	2015 年	2015 年比 2014 年变动
增加值	亿元	9.8	31.79	32.21	0.42
增加值占 GDP 的比重	%	0.25	0.34	0.31	- 0.03
收入	亿元	52.95	91.37	91.71	0.34
工艺美术品生产业单位数	个	1195	1471	1548	77
个体工商户数	户	7061	7545	3140	- 4405
从业人员数	人	34192	40188	27977	- 12211

资料来源：2013—2015 年贵州省文化产业发展统计报告。

八、文化产品生产的辅助生产业

2015 年贵州省文化产品生产的辅助生产服务单位有 771 个，比上年减少 149 个；个体工商户 146 户，比上年减少 2543 户；从业人员 12635 人，比上年减少 9986 人；收入 65.59 亿元，比上年增长 14.70 亿元；实现增加值 22.11 亿元，比上年增加 3.47 亿元；占全省 GDP 的比重为 0.21%。(见表 2 - 10)

表 2 - 10　贵州省文化产品生产的辅助生产业概况

指　　标	单位	2013 年	2015 年	2015 年比 2014 年变动
增加值	亿元	15.81	22.11	3.47
增加值占 GDP 的比重	%	0.2	0.21	0.01
收入	亿元	39.68	65.59	14.70
文化产品生产的辅助生产业单位数	个	1054	771	- 149
个体工商户数	户	2567	146	- 2543
从业人员数	人	22591	12635	- 9986

资料来源：2013—2015 年贵州省文化产业发展统计报告。

九、文化用品生产产业

2015年贵州省文化用品生产服务单位有 674 个，比上年增加 57 个；个体工商户 11630 户，比上年减少 6580 户；从业人员 38457 人，比上年减少 22936 人；收入 194.89 亿元，比上年增加 6.16 亿元；实现增加值 52.94 亿元，占全省 GDP 的比重为 0.5%。（见表 2－11）

表 2－11　贵州省文化用品生产业概况

指　标	单位	2013 年	2014 年	2015 年	2015 年比 2014 年变动
增加值	亿元	37.14	50.43	52.94	2.51
增加值占 GDP 的比重	%	0.46	0.54	0.50	－ 0.04
收入	亿元	132.39	188.73	194.89	6.16
文化用品生产产业单位数	个	670	617	674	57
个体工商户数	户	17322	18210	11630	－ 6580
从业人员数	人	54595	61393	38457	－ 22936

资料来源：2013—2015 年贵州省文化产业发展统计报告。

十、文化专用设备生产产业

2015年贵州省文化专用设备生产服务单位有 23 个，比上年减少 2 个；个体工商户 10 户，比上年减少 5 户；从业人员 564 人，比上年增加 69 人；收入 7.77 亿元，比上年增加 5.46 亿元；实现增加值 0.9 亿元，比上年增加 0.4 亿元，占全省 GDP 的比重为 0.01%。文化专用设备生产服务业是贵州省文化产业发展的短板。（见表 2－12）

表 2－12　贵州省文化专用设备生产业概况

指　标	单位	2013 年	2014 年	2015 年	2015 年比 2014 年变动
增加值	亿元	1.85	0.5	0.90	0.40
增加值占 GDP 的比重	%	0.02	0.01	0.01	0.00
收入	亿元	8.29	2.31	7.77	5.46
文化专用设备生产产业单位数	个	94	25	23	－ 2
个体工商户数	户	357	15	10	－ 5
从业人员数	人	2885	495	564	69

资料来源：2013—2015 年贵州省文化产业发展统计报告。

第四节　区域发展情况

一、总体情况

2014 年至 2015 年贵州区域文化产业，总体仍然呈现高速发展态势，仍以省会贵阳市与次中心城市遵义市引领发展，区域间发展仍然不平衡。从增加值与增速来看，贵阳市文化产业增加值位居全省首位，达 92.72 亿元，比上年增加 30.80 亿元，增速达 49.7%；六盘水增加值为 28.25 亿元，比上年增加 4.49 亿，增速达 19%；遵义增加值为 54.94 亿元，比上年增加 14.56 亿元，增速达 36%；安顺市增加值为 20.6 亿元，比上年增加 10.39 亿，增速（翻番）达 100%；毕节市增加值为 18.44 亿元，比上年增加 3.74 亿，增速达 25%；铜仁市增加值为 14.62 亿元，比上年增加 4.5 亿，增速达 44%；黔西南州增加值为 13.92 亿元，比上年增加 4.77 亿，增速达 52%；黔东南州增加值为 28.07 亿元，比上年增加 6.92 亿，增速达 33%；黔南州增加值为 25.28 亿元，比上年增加 6.95 亿，增速达 38%。增速最高的是安顺市，增速（翻番），超过全省平均增速 41% 的还有贵阳市、铜仁市、黔西南州，增速最低的是六盘水，为 19%。从各市州文化产业增加值占全省比重来看，贵阳 31.23%、遵义 18.5%、六盘水 9.51%、黔东南 9.45%、黔南 8.51%、毕节 6.21%、安顺 6.9%、铜仁 4.92%、黔西南 4.68%，其中贵阳、安顺、铜仁、黔南的文化产业增加值占全省的比重均比 2013 年有所上升，上升最快的为安顺，超过 2 个百分点。从文化产业增加值占各地 GDP 比重来看，贵阳市 3.71、六盘水市 2.71、遵义市 2.93、安顺市 3.96、毕节市 1.46、铜仁市 2.26、黔西南州 2.07、黔东南州 4、黔南州 3.15。最高的是黔东南州，占比为 4%，各地文化产业增加值占其 GDP 比重超过 3.21% 的全省水平的市（州）有贵阳市、黔东南州、安顺市。2015 年，各市（州）按文化及相关产业增加值名义增速排序依次为黔南州、铜仁市、安顺市、遵义市、毕节市、六盘水市、黔西南州、贵阳市和黔东南州，名义增速分别为 51.03%、27.77%、24.51%、17.40%、17.19%、14.48%、9.05%、8.80% 和下降 2.28%。按对全省文化及相关产业增加值贡献率排序依次为黔南州、遵义市、贵阳市、安顺市、六盘水市、铜仁市、毕节市、黔西南州和黔东南州，贡献率分别为 27.11%、20.09%、17.15%、10.61%、8.59%、8.53%、6.66%、2.65% 和 - 1.34%。文化及相关产业增加值占 GDP 的比重提高幅度高于全省平均水平的有黔南州、铜仁市、安顺市，其中黔南州比上年提高 1.08 个百分点。（详见表 2 - 13）

表 2 - 13　2013—2015 年区域文化产业收入增加值、增加值占 GDP 比重

地区类别	2013 年		2014 年		2015 年	
	增加值	增加值占 GDP 比重	增加值	增加值占 GDP 比重	增加值	增加值占 GDP 比重
单位	亿元	%	亿元	%	亿元	%
贵州省	209.72	2.62	296.85	3.21	344.44	3.28
贵阳市	61.92	2.97	92.72	3.71	100.88	3.49
六盘水市	23.76	2.69	28.25	2.71	32.34	2.69
遵义市	40.38	2.55	54.94	2.93	64.50	2.97
安顺市	10.21	2.38	20.6	3.96	25.65	4.10
毕节市	14.7	1.41	18.44	1.46	21.61	1.48
铜仁市	10.12	1.89	14.62	2.26	18.68	2.42
黔西南布依族苗族自治州	9.15	1.64	13.92	2.07	15.18	1.89
黔东南苗族侗族自治州	21.15	3.61	28.07	4	27.43	3.38
黔南布依族苗族自治州	18.33	2.84	25.28	3.15	38.18	4.23

资料来源：2013—2015 年贵州省文化产业发展统计。

二、各市州文化产业发展主要成效

（一）贵阳市

2014 年以来，贵阳市在发展文化产业上，以深化文化体制改革、促进文化与相关产业融合发展为重点，以加快建设多彩贵州城、阳明文化产业园等园区基地为主要抓手，以国际酒博会、"绝对贵州"文化创意活动周等大型会展及活动为平台，以创建国家公共文化服务体系示范区、国家级文化和科技融合发展示范基地、文化旅游创新区为目标，围绕"爽爽的贵阳"城市品牌，在文化旅游商品研发、城市旅游空间拓展、文化旅游演出季、文化旅游精品线路打造、文化主题酒店建设等方面做实品牌支撑，积极助推贵阳文化产业升级发展。贵阳市作为贵州省省会城市，占据全省经济文化中心高地，其文化产业发展一直走在全省九市州的前列并继续保持高速发展态势。

（二）遵义市

遵义市在文化产业发展上，立足实际，突出特色文化优势，大胆创新，以"513"文化产业工程为载体和抓手，着力推动茅台古镇文化产业园、长征文化博览园和遵义会展基地，以及苟坝、土城、赤水、海龙囤、"遵义 1964"等全市文化旅游景区精品工程建设，有力促进了文化产业快速健康发展。遵义市为贵州省第二大城市，其文化产业发展在九个市州中，仅次于省会城市贵阳。

（三）六盘水市

六盘水市为中国的煤资炭工业发展重要基地。六盘水市在文化产业发展上，以改革创新为动力，进一步深化文化体制改革，重点深入推进六盘水日报社、六盘水广播电视台人事、收入分配、社会保障、经费保障等制度改革，以大力发展"三线"文化、工业文化、民族民间文化推手，围绕"中国凉都"品牌，文化旅游商品研发、城市旅游空间拓展发展较为突出，特别是农民画、连环画在深圳、西安文博会上展示和交易，成效比较明显。

（四）安顺市

安顺市在文化产业发展上，在继续深化文化体制改革工作基础上，强力推进园区建设，成效显著。"黔中国际屯堡文化生态园"园区位于西秀区七眼桥镇的"苗岭屯堡文化城"项目（总投资 50 亿元）、平坝县天龙镇的"屯堡大明城"（总投资 5 亿元）两个项目开工建设，"悦道"屯堡文化旅游休闲度假示范区（总投资 20 亿元）各项前期准备工作正在有序进行。苗岭屯堡古镇项目一期工程已建设完成，共投资 4.5 亿元，现进入二期工程建设阶段；"天龙屯堡大明城"共完成投资 8000 万元，兴伟石博园成功申报"国家 AAAA 级旅游景区"，逐步建设成为含奇石博览园、旅游商品市场、奇石交易市场、工艺品市场、游客服务中心等部门，集收藏、保存、展览、研究、交易和传播石文化艺术为一体的多功能经济实体；以旧州古镇和浪塘及云山和本寨等为重点，建立现代休闲产业园，旧州完成项目建设 47 个，投入资金 11.68 亿元；云峰八寨文化旅游区、旧州生态文化旅游古镇荣膺国家 4A 级旅游景区称号。黔中国际屯堡文化生态园被评为全省推进较快的园区之一。2014 年，安顺市文化产业增加值为 20.6 亿元，比上年增加 10.39 亿，增速（翻番）达 100%，增速位居全省第一。

（五）毕节市

2014 年以来，毕节市在文化产业发展上从优化环境、搭建平台、配套政策、拓展市场等方面入手，围绕推进美丽乡村建设和"5 个 100 工程"，依托全市典型的喀斯特地貌、气候等资源，利用沿线文化、自然遗产和丰富民俗，以文化、景区、文化旅游休闲区等结合为模式，围绕打造文化旅游创新区目标，强力推进毕节大方县古彝文化产业园、毕节民族民间文化产业园（以德溪新区路家翰林山庄旧址为核心）、七星欢乐谷文化产业园、黔西县水西古城文化旅游区、金沙县岩孔贡茶古镇文化旅游区、织金县丁宝桢文化产业园、纳雍县"滚山珠"同心文化产业园、赫章县夜郎文化产业园、百里杜鹃花卉旅游文化产业园等建设，成效显著。其中，大方县古彝文化产业园西城门主体工程已完工，完成投资 1.3 亿元，水西古城已完成建设投资 4.9 亿元，黔西县水西古城文化旅游区完成投资 2 亿多元，百里杜鹃花卉旅游文化产业园已呈现观光旅游、绿色消费、休闲度假、花卉苗木、特色产品等产业齐聚发展的良好态势，实现总产值 7869.61 万元。2014 年毕节市增加值为 18.44 亿元，比上年增加 3.74 亿，增速达 25%。

（六）铜仁市

铜仁市在文化产业发展上，以强力实施重大项目为抓手，以深圳文博会招商引资为平台，重点围绕文化与旅游融合发展，推动实施了一批深圳文博会招商引资项目和特色文化产业项目，实施了 1 个省级"十大文化产业基地"（玉屏箫基地）、2 个省级文化产业示范基地（大明边城、苗王城）重点项目。铜仁锦江水上风情（大明边城）项目和松桃苗王城项目上报国家级文化产业示范基地。截至 2014 年 10 月底，13 个旅游景区已累计完成投资 21.765 亿元，推动了江梵复线公路、梵净山山水田园生态旅游产业园等 93 个项目建设。

（七）黔东南州

黔东南州文化产业发展的突出成效主要表现在"一园一基地"建设与招商引资取得新突破。在园区与基地建设方面，中国（凯里）民族文化产业园、贵州（凯里）民族民间工艺品交易基地（以下简称"一园一基地"）是贵州省十大文化产业园、基地之一，中国（凯里）民族文化产业园即下司古镇文化旅游景区，采用"景区园区一体化"发展模式，总投资约 20 亿元，落户园区的下司文化综合体项目一期总投资 6 亿元，已缴纳土地出让保证金 5000 万元。贵州（凯里）民族民间工艺品交易基地基本建成并运营。贵州（凯里）民族民间工艺品交易基地（凯里苗侗民族风情园）由凯里市人民政府投资 12 亿元，共有 248 户企业和商家入驻基地，入驻率 100%，是贵州省十大文化产业园区基地唯一建成并投入运营的基地。在招商引资方面，通过深圳文博会平台，共签约合同项目 6 个，开工率 100%，总投资 19.3 亿元。其中，大世纪国际影视城项目总投资 3000 万元，镇远五里牌文化旅游风情园项总投资 5 亿元，雷山县古苗疆文化城建设项目总投资 3 亿元，雷山县西江文化艺术创作基地项目总投资 2 亿元，从江县侗族文化产业园——銮里侗族文化风情园项目总投资 3 亿元，中国（凯里）民族文化产业园之下司文化综合体项目一期总投资 6 亿元。2014 年黔东南州文化产业增加值为 28.07 亿元，比上年增加 6.92 亿元，增速达 33%。

（八）黔南州

黔南州文化产业发展的突出成效主要表现为内联外引与推动文化旅游融合发展成效显著。以第十届深圳文博会为平台，推介了平塘国际射电科普文化园、都匀经济开发区湿地公园、三都尧人山森林公园等 19 个重大项目，总投资 382.4 亿元。以"高铁时代"到来为契机，与深圳世纪华业非遗公司合作，推出"美丽黔南多彩非遗"人文生态旅游经典线路，进一步推动文化旅游融合发展。

（九）黔西南州

黔西南州文化产业发展的突出成效主要表现为园区建设与引导民营资本发展文化产业取得新突破。一是大力推进贵州省十大文化产业园之一的黔西南民族文化产业园建设，园区共分四期建设，前三期建设成效显著。

一期为饮食文化、旅游产品区，已完成投资 1.5 亿元并全部投入使用，建成面积 65778 平方米，入驻企业 91 家，其中文化企业 58 家。二期为文化创意区，已完成投资 0.6 亿元，已有 8 家企业入驻。三期为奇石、花卉区，已投入 0.1 亿元。园区已完成投资 2.4 亿元，建成面积 8.3 万平方米，在全省、"十大文化产业基地"中建设快、成效好。二是积极引导民营企业投资文化产业，云南森垚集团成立贵州森垚文化旅游发展有限公司，重点投资打造了"万峰汇"非遗文化旅游园项目。

第五节　县域文化产业发展状况

2014 年文化产业增加值占 GDP 比重达到全面小康统计监测目标值 4% 及以上的区县有 19 个，比上年增加 6 个；3%（含 3%）～4% 的有 21 个；2%（含 2%）～3% 的有 21 个；1%（含 1%）～2% 的有 21 个；1% 以下的有 6 个，比上年减少 2 个。文化产业增加值、文化单位收入和从业人员数最高的区县是贵阳市的云岩区，增加值达 246445.51 万元，收入为 1032199.66 万元，共有文化产业单位 895 个，从业人员 23236 人。文化产业增加值占 GDP 比重最高的区县是贵阳的观山湖区，占比达 14.12%。文化个体工商户最多的区县是遵义市的遵义县，共有文化个体工商户 2439 户。2015 年，文化及相关产业增加值占 GDP 的比重达到全面小康统计监测目标值 4%（含 4%）的县（市、区）有 21 个，比上年增加 2 个；占比在 3%（含 3%）～4% 的有 23 个；2%（含 2%）～3% 的有 18 个；1%（含 1%）～2% 的有 21 个；1% 以下的有 5 个，比上年减少 1 个。各县（市、区）文化及相关产业主要经济指标中，观山湖区增加值、收入和文化产业增加值占 GDP 的比重均排 88 个县（市、区）的第一名，分别为 23.66 亿元、83.60 亿元和 15.44%；从业人员排第一位的是云岩区，有 15428 人；个体工商户排第一的是遵义县，有 1951 户。（见表 2－14）

表2-14　县域文化产业发展情况

单位	文化产业增加值 (亿元)		文化产业增加值GDP比重 (%)		从业人数 (人)		个体户数 (户)		资产 (亿元)		收入 (亿元)		非物质文化遗产单位数 (个)		行政事业单位数 (个)		社团单位数 (个)		企业法人单位数 (个)	
	2014年	2015年	2014年	2015年	2014年	2015年	2014年	2015年	2014年	2015年	2014年	2015年	2014年	2015年	2014年	2015年	2014年	2015年
贵州省	296.85	344.44	3.21	3.28	364792	307277	51336	28818	1331.16	1625.59	705.68	827.14	707	475	3098	2988	587	874	9226	11400
贵阳市	92.72	100.88	3.71	3.49	74402	52653	4274	2500	454.77	596.40	298.98	317.20	29	27	150	176	85	136	2267	2390
南明区	20.44	20.35	3.87	3.36	18182	10010	632	355	76.39	113.79	47.31	55.50	7	8	14	18	45	50	612	470
云岩区	24.64	19.99	4.00	3.08	23236	15428	997	425	190.87	161.81	103.22	83.60	4	4	12	22	10	37	873	895
花溪区	7.82	8.13	2.16	1.64	4842	5100	783	336	46.76	59.43	38.76	39.36	2	1	17	19	6	12	217	235
乌当区	1.93	3.19	1.56	2.20	3581	3487	204	203	18.84	13.52	8.62	9.48	5	2	15	23	6	9	90	258
白云区	5.99	7.06	3.97	3.96	3293	2915	126	184	12.37	8.64	17	22.11	0	2	6	7	5	9	117	105
观山湖区	18.62	23.66	14.12	15.44	8679	5920	113	117	83.45	143.91	61.51	75.70	0	0	4	4	3	9	140	164
开阳县	4.42	3.00	2.75	1.60	4831	1647	376	288	4.61	4.48	6.68	5.00	5	1	25	24	0	0	26	28
息烽县	0.75	1.31	0.58	0.88	1010	1766	218	165	0.96	2.94	0.88	3.10	5	8	15	16	0	2	34	36
修文县	4.05	5.65	3.38	4.03	2653	3739	241	273	13.27	21.85	6.56	8.02	1	0	26	27	3	3	79	99
清镇市	4.07	8.54	1.85	3.37	4095	2641	584	154	7.24	66.02	8.44	15.33	33	4	16	16	7	5	79	100
六盘水市	28.25	32.34	2.71	2.69	20088	21051	2850	1800	113.79	132.96	35.84	46.29			135	122	30	36	487	638

续表

单位	文化产业增加值 (亿元)		文化产业增加值GDP比重 (%)		从业人数 (人)		个体户数 (户)		资产 (亿元)		收入 (亿元)		非物质文化遗产单位数 (个)		行政事业单位数 (个)		社团单位数 (个)		企业法人单位数 (个)	
	2014年	2015年	2014年	2015年	2014年	2015年	2014年	2015年	2014年	2015年	2014年	2015年	2014年	2015年	2014年	2015年	2014年	2015年	2014年	2015年
钟山区	15.19	15.03	4.42	3.91	9806	9861	1398	542	45.65	63.81	20.49	19.48	3	1	19	21	16	19	295	299
六枝特区	3.39	1.36	2.66	0.92	2414	1681	402	242	4.99	6.38	4.88	2.67	20	2	32	23	3	5	99	94
水城县	1.43	0.69	0.79	0.34	1657	1628	330	180	10.28	5.28	2.53	1.76	4	1	40	35	4	5	17	21
盘县	8.23	15.25	1.93	3.21	6196	7881	720	836	52.11	57.49	7.95	22.38	5	0	43	43	7	7	64	224
遵义市	54.94	64.50	2.93	2.97	89669	68623	15598	7935	343.98	326.19	115.48	148.95	120	61	863	833	189	212	1598	2228
红花岗区	10.24	6.99	3.42	2.11	11733	7557	2446	375	25.99	28.60	22.59	15.11	13	5	31	34	52	44	434	507
汇川区	6.59	6.33	3.04	2.60	10819	6987	1635	665	65.62	24.93	12.23	25.61	34	17	21	23	22	30	304	366
遵义县	10.67	14.26	3.89	4.53	9969	10723	2536	1951	19.65	38.80	21.23	29.70	7	9	290	261	10	10	146	260
桐梓县	3.98	2.25	3.66	1.79	11486	6437	1378	685	15.92	33.39	6.93	4.11	1	0	31	31	16	16	111	125
绥阳县	1.91	3.49	2.59	4.04	4271	4635	672	398	4.81	6.58	4.34	7.99	2	5	23	24	28	28	57	181
正安县	2.53	1.49	4.24	2.09	2603	1211	556	278	4.03	2.60	4.92	4.64	1	1	27	26	1	2	53	56
道真县	1.53	2.18	3.84	4.52	3523	2164	660	307	4.51	27.87	2.57	3.88	15	3	119	120	5	4	51	80
务川县	0.7	2.06	1.64	3.99	3838	3167	999	478	2.43	5.38	1.33	2.75	11	5	21	19	2	1	20	61

续表

单位	文化产业增加值（亿元）		文化产业增加值GDP比重（%）		从业人数（人）		个体户数（户）		资产（亿元）		收入（亿元）		非物质文化遗产单位数（个）		行政事业单位数（个）		社团单位数（个）		企业法人单位数（个）	
	2014年	2015年	2014年	2015年	2014年	2015年	2014年	2015年	2014年	2015年	2014年	2015年	2014年	2015年	2014年	2015年	2014年	2015年	2014年	2015年
凤冈县	1.76	2.85	3.53	4.74	4435	3478	830	421	4.78	7.38	3.70	5.51	7	3	22	20	6	6	51	63
湄潭县	2.73	2.76	4.12	3.58	6837	3504	623	371	13.12	34.02	3.70	3.58	2	2	163	161	11	9	68	79
余庆县	2.74	2.05	4.99	3.18	4845	4292	591	499	13.71	11.77	7.91	4.96	4	3	31	29	1	3	103	125
习水县	2.81	7.06	2.50	5.52	6337	5025	1113	408	104.23	16.35	5.35	10.68	2	3	40	44	22	40	65	165
赤水市	3.84	5.46	5.37	6.49	4585	4772	752	496	31.71	50.30	13.17	20.03	5	1	30	32	8	7	70	83
仁怀市	2.90	5.27	0.65	1.04	4388	4671	807	603	33.48	38.24	5.53	10.40	16	4	14	9	5	12	65	77
安顺市	20.6	25.65	3.96	4.10	29062	26400	4431	2546	63.43	100.36	44.55	52.23	40	24	114	138	84	82	806	892
西秀区	9.62	12.74	4.78	5.14	10883	12278	1219	647	16.99	44.51	23.59	29.37	20	10	24	32	40	42	320	432
平坝区	1.98	2.04	2.26	1.98	5337	2962	762	297	8.14	3.97	5.88	4.39	3	4	16	22	3	4	8	95
普定县	2.60	3.16	3.65	3.75	4966	4055	669	610	7.32	13.05	4.66	5.02	9	3	34	31	26	20	184	173
镇宁县	3.26	3.83	5.08	5.11	3065	3754	657	322	27.58	32.48	5.15	7.22	2	0	3	4	7	8	42	35
关岭县	1.89	2.50	3.10	3.54	2863	2112	805	444	1.70	4.16	2.64	3.85	2	3	16	16	5	5	62	81
紫云县	1.26	1.38	2.79	2.68	1948	1239	319	226	1.70	2.19	2.63	2.37	4	4	21	33	3	3	108	76

续表

单位	文化产业增加值 (亿元)		文化产业增加值 GDP 比重 (%)		从业人数 (人)		个体户数 (户)		资产 (亿元)		收入 (亿元)		非物质文化遗产单位数 (个)		行政事业单位数 (个)		社团单位数 (个)		企业法人单位数 (个)	
	2014年	2015年	2014年	2015年	2014年	2015年	2014年	2015年	2014年	2015年	2014年	2015年	2014年	2015年	2014年	2015年	2014年	2015年	2014年	2015年
毕节市	18.44	21.61	1.46	1.48	28406	23676	5133	3760	75.45	110.23	36.31	46.88	38	26	352	318	67	49	590	965
七星关区	4.4	5.71	1.70	1.97	6513	5488	1282	657	13.40	26.32	10.39	16.06	1	2	67	62	1	5	205	403
大方县	2.62	2.16	1.65	1.21	3153	2308	631	396	35.63	39.57	5.92	4.00	17	13	58	43	5	0	83	78
黔西县	1.5	1.45	0.94	0.83	2588	3063	665	846	4.32	6.45	3.16	3.21	4	2	40	37	0	6	60	86
金沙县	2.08	3.40	1.11	1.65	5567	2823	404	542	8.55	10.34	3.14	7.07	4	1	37	30	10	8	58	68
织金县	4.4	4.08	3.23	2.64	3549	3124	680	307	5.05	12.45	7.01	7.99	3	0	38	40	3	4	62	88
纳雍县	1.41	1.41	0.95	0.82	2348	2331	642	385	3.15	4.04	2.88	2.54	2	1	32	33	11	12	55	58
威宁县	1.04	2.02	0.68	1.07	2325	2558	375	321	2.91	7.15	1.92	3.55	6	1	46	41	11	8	52	131
赫章县	0.99	1.38	1.09	1.23	2150	1981	454	306	2.43	3.92	1.87	2.46	1	6	34	32	0	6	26	53
铜仁市	14.62	18.68	2.26	2.42	17743	14910	2282	1717	55.77	57.64	32.7	43.42	26	26	258	239	6	62	763	859
碧江区	2.69	3.84	2.43	2.99	2796	3550	203	203	9.67	12.90	5.46	7.16	4	5	25	11	0	22	163	208
万山区	0.37	0.49	1.18	1.27	469	474	91	66	1.04	1.09	0.76	0.75	0	0	17	16	0	2	26	27
江口县	1.14	1.79	3.42	4.32	1533	814	108	89	8.94	8.45	3.66	3.67	1	0	18	16	3	6	90	65

续表

单位	文化产业增加值（亿元）		文化产业增加值GDP比重（%）		从业人数（人）		个体户数（户）		资产（亿元）		收入（亿元）		非物质文化遗产单位数（个）		行政事业单位数（个）		社团单位数（个）		企业法人单位数（个）	
	2014年	2015年	2014年	2015年	2014年	2015年	2014年	2015年	2014年	2015年	2014年	2015年	2014年	2015年	2014年	2015年	2014年	2015年	2014年	2015年
玉屏县	0.82	0.73	1.48	1.16	1437	1329	277	178	5.50	2.24	2.08	1.40	4	6	16	15	0	3	41	60
石阡县	1.31	0.70	2.76	1.18	1973	1212	240	224	7.00	1.87	2.26	1.12	3	3	28	27	1	2	45	40
思南县	2.56	3.01	2.91	2.97	2399	2159	447	321	5.62	6.40	5.29	6.50	8	1	35	37	0	8	135	164
印江县	1.3	1.83	2.21	2.46	1771	1371	343	211	5.47	8.31	2.59	3.85	3	3	25	26	0	7	55	59
德江县	1.19	1.64	1.63	1.94	1422	1146	171	181	2.94	3.85	3.35	4.69	2	7	29	26	0	2	85	76
沿河县	1.07	1.19	1.47	1.41	1811	900	161	84	2.65	3.17	2.6	3.00	1	1	30	31	0	3	64	76
松桃县	2.16	3.46	2.43	3.34	2132	1955	241	160	6.94	9.36	4.66	11.28	0	0	35	34	2	7	59	84
黔西南州	13.92	15.18	2.07	1.89	17478	20341	2142	1367	37.46	54.63	24.44	28.55	35	21	136	159	20	113	426	557
兴义市	7.59	5.05	2.69	1.58	7720	5744	631	304	21.60	20.27	14.21	12.20	6	5	18	18	13	57	254	266
兴仁县	0.99	2.57	1.07	2.27	1290	6456	255	224	2.19	5.86	1.87	3.27	0	1	22	26	0	8	50	76
普安县	0.93	1.50	1.83	2.49	480	1390	75	122	0.86	8.03	0.88	2.63	0	0	5	5	0	7	16	25
晴隆县	0.85	1.63	1.91	2.96	544	865	76	117	4.70	6.35	1.06	2.41	6	2	27	29	1	7	16	19
贞丰县	1.51	1.95	1.98	2.13	4293	2251	354	163	4.52	5.76	3.02	4.00	9	1	21	21	6	8	25	41
望谟县	0.64	0.76	1.78	1.64	1115	1262	384	164	0.84	1.18	1.07	1.23	1	2	13	19	0	3	25	43
册亨县	0.46	0.44	1.60	1.20	693	1030	91	85	0.84	0.70	0.78	0.75	13	10	8	21	0	12	18	18

续表

单位	文化产业增加值 (亿元) 2014年	2015年	文化产业增加值 GDP比重 (%) 2014年	2015年	从业人数 (人) 2014年	2015年	个体户数 (户) 2014年	2015年	资产 (亿元) 2014年	2015年	收入 (亿元) 2014年	2015年	非物质文化遗产单位数 (个) 2014年	2015年	行政事业单位数 (个) 2014年	2015年	社团单位数 (个) 2014年	2015年	企业法人单位数 (个) 2014年	2015年
安龙县	0.94	1.29	1.29	1.46	1343	1343	76	188	1.91	6.48	1.55	2.06	0	0	22	20	0	11	22	69
黔东南州	28.07	27.43	4	3.38	59781	50206	10841	4755	94.15	124.25	58.42	56.72	192	178	491	462	79	85	1484	1684
凯里市	6.29	5.63	3.37	2.68	10164	7179	2001	753	13.05	14.39	13.02	13.16	15	7	40	40	9	9	471	496
黄平县	1.4	1.57	3.74	3.59	2164	1779	387	300	1.69	1.68	2.98	2.73	1	0	25	23	6	5	78	78
施秉县	1.09	1.07	4.01	3.46	2659	2382	394	213	2.81	1.25	1.92	2.08	0	5	22	19	4	5	37	37
三穗县	1.62	1.59	5.25	4.51	3487	2061	560	235	2.23	1.35	3.44	3.40	9	1	22	9	4	5	60	61
镇远县	2.1	2.10	3.88	3.45	3838	1935	656	256	25.31	40.99	4.21	5.05	1	3	28	28	4	4	55	64
岑巩县	1.7	1.85	5.32	5.05	2521	2033	779	479	2.17	2.52	4.69	5.37	5	3	24	25	1	5	44	54
天柱县	1.93	1.34	3.26	1.99	3230	1820	813	292	2.03	1.69	4.29	1.89	1	2	29	30	8	5	77	125
锦屏县	1.45	1.34	4.77	3.85	4042	2512	414	214	3.38	3.26	3.27	3.43	3	2	32	33	8	4	58	59
剑河县	1.34	1.38	4.28	3.83	2431	1575	573	177	2.34	2.36	1.96	2.55	0	11	30	23	4	5	91	50
台江县	1.22	0.99	5.51	3.87	3608	2192	880	309	1.49	1.27	1.7	1.51	4	8	17	13	4	4	95	98
黎平县	2	1.53	3.49	2.28	4313	3344	630	428	13.64	17.53	5.95	3.73	70	87	36	36	5	6	113	158
榕江县	1.56	0.95	3.78	1.97	2135	1478	435	164	3.29	1.84	2.74	2.00	4	3	12	12	8	9	53	48
从江县	0.66	1.58	2.42	3.28	6077	13137	471	215	2.49	10.78	1.89	2.38	52	21	35	41	3	8	64	104
雷山县	1.75	2.43	8.34	10.22	2379	1755	498	250	12.83	16.47	2.97	3.70	7	10	26	23	6	7	59	97

续表

单位	文化产业增加值		文化产业增加值GDP比重		从业人数		个体户数		资产		收入		非物质文化遗产单位数		行政事业单位数		社团单位数		企业法人单位数	
	2014年	2015年	2014年	2015年	2014年	2015年	2014年	2015年	2014年	2015年	2014年	2015年	2014年	2015年	2014年	2015年	2014年	2015年	2014年	2015年
	亿元		%		人		户		亿元		亿元		个		个		个		个	
麻江县	0.55	1.14	2.48	4.29	2884	2635	691	225	3.28	5.21	1.23	1.91	4	3	90	84	2	1	34	37
丹寨县	1.07	0.94	5.01	3.86	3849	2389	659	245	2.13	1.67	2.16	1.81	16	12	23	23	3	3	95	118
黔南州	25.28	38.18	3.15	4.23	28163	29417	3785	2438	92.36	122.92	58.95	86.90	194	108	599	541	27	99	791	1187
都匀市	4.58	6.95	2.97	4.05	3939	5371	273	281	11.20	10.20	7.57	9.95	45	50	17	34	11	33	201	333
福泉市	2.66	3.94	2.37	3.17	2667	2814	288	215	4.32	7.89	5.42	7.51	4	0	103	105	0	22	79	96
荔波县	2.24	2.46	5.41	5.44	2130	2283	127	120	17.99	17.65	2.63	2.72	3	3	26	29	0	11	84	87
贵定县	1.04	3.50	1.67	5.02	2436	1814	602	165	4.04	18.51	4.28	9.02	5	4	131	120	0	2	23	47
瓮安县	2.25	5.60	2.59	5.76	1857	3815	177	335	10	29.01	3.76	8.48	3	5	24	14	0	6	73	127
独山县	1.3	2.50	2.37	4.04	1599	2265	170	148	2.45	5.43	3.1	8.06	61	0	43	26	0	3	61	87
平塘县	1.15	1.41	2.71	2.97	1991	1415	258	261	2.12	2.14	4.9	4.84	1	6	158	148	0	1	25	60
罗甸县	1.19	1.18	2.35	2.07	2556	2112	328	130	6.86	8.09	7.77	8.84	17	3	41	19	16	10	23	52
长顺县	1.54	1.57	3.73	3.42	1802	685	686	184	2.26	2.18	3.85	4.59	0	0	12	12	0	3	24	31
龙里县	4.71	5.59	7.31	7.81	2337	3063	126	152	11.21	12.47	8.31	10.93	0	0	10	10	0	1	81	90
惠水县	1.14	1.86	1.80	2.63	1862	1801	415	268	3.19	4.59	5.22	8.76	4	6	6	8	0	3	67	112
三都县	1.48	1.61	3.38	3.30	2987	1979	335	179	16	4.76	2.14	3.19	51	31	28	16	0	4	50	65

资料来源：2013—2015年贵州省文化产业发展统计。

第六节　文化产业企业发展情况

一、国有企业发展状况

截至 2015 年年底，贵州省文化及相关产业有国有法人企业 442 家，实现增加值 25.51 亿元，所占比重为 7.41%。从业人员数 16872 人，所占比重为 5.49%。

国有法人企业十大行业分布中，新闻出版发行服务业国有法人企业数最多，达 144 个，超过其他行业法人企业数的一倍甚至几十倍。文化休闲娱乐服务业实现增加值最大，其次是新闻出版发行服务业。两大行业实现增加值已占全部法人企业增加值的 70%。（见表 2-15）

表 2-15　国有法人企业十大行业分布状况

文化产业行业大类	增加值	单位数	从业人员数	资产	总产出	营业盈余	税金
单位	亿元	个	人	亿元	亿元	亿元	亿元
新闻出版发行服务	8.90	144	4979	168.89	16.44	2.79	0.45
广播电视电影服务	0.72	35	507	5.58	0.91	0.32	0.03
文化艺术服务	0.96	23	1312	4.21	1.08	0.06	0.00
文化信息传输服务	0.68	50	2350	2.37	1.60	0.26	0.03
文化创意和设计服务	1.87	58	1727	11.87	16.23	0.86	0.15
文化休闲娱乐服务	8.98	65	3430	152.81	15.68	5.74	0.45
工艺美术品的生产	0.47	5	121	2.65	0.43	0.40	0.03
文化产品生产的辅助生产	2.71	54	2372	7.50	1.71	0.28	0.42
文化用品的生产	0.20	6	41	3.53	0.16	0.11	0.03
文化专用设备的生产	0.02	2	33	0.02	0.00	0.00	0.00
合计	25.51	442	16872	359.44	54.23	10.81	1.60

从地区分布来看，贵阳市国有法人企业有 128 家，居全省九个市州之首；其次依次为黔东南州、遵义市、黔南州。贵阳市实现增加值 10.52 亿元，占四成以上；从业人员 8218 人，占比 48.71%。（见表 2-16）

表 2 - 16 国有法人企业地区分布状况

地区名称	增加值	单位数	从业人员数	资产	总产出	营业盈余	税金
单位	亿元	个	人	亿元	亿元	亿元	亿元
贵州省	25.51	442	16872	359.44	54.23	10.81	1.60
贵阳市	10.52	128	8218	151.94	17.75	2.19	0.99
六盘水市	0.14	28	854	56.24	1.17	0.14	0.33
遵义市	4.16	61	2054	59.25	17.32	2.51	0.13
安顺市	4.36	27	1752	36.53	8.56	2.33	0.03
毕节市	0.98	29	1226	8.21	1.73	0.70	0.02
铜仁市	0.51	28	394	5.11	0.73	0.19	0.01
黔西南布依族苗族自治州	1.23	19	348	8.73	1.44	0.60	0.02
黔东南苗族侗族自治州	1.34	72	913	19.86	2.25	0.62	0.02
黔南布依族苗族自治州	2.26	50	1113	13.58	3.28	1.52	0.04

二、省直国有文化企业集团状况

近年来，贵州抢抓国发［2012］2 号文件从国家层面将"文化旅游发展创新区"作为贵州五大战略定位之一的重大机遇，努力克服宏观经济形势下行压力的影响，充分发挥优势，不断优化文化产业发展环境，以改革为动力，以培育大型骨干文化企业为抓手，完成了全省 299 家经营性文化单位转企改制任务，核销事业编制 9017 个，以"十大文化产业园区"和"十大文化产业基地"为代表的重大工程和项目建设有序推进，不断推动多彩贵州文化品牌产业化运作，传统文化产业结构逐步优化，新兴业态逐渐形成，产业规模不断扩大。根据 2012 年 7 月国家统计局颁布的《文化及相关产业分类（2012）》新标准进行初步统计，截至 2013 年底，全省文化产业单位共有 11698 个（包含企业、行政事业和社团单位），其中法人单位 10643 个，产业活动单位 1055 个，文化产业单位比上年增加 3269 个；个体工商户 50344 户，比上年增加 22695 户；共有从业人员 32.82 万人，比上年增加 9.62 万人；收入 483.00 亿元（含执行企业会计制度的综合单位的营业收入、执行行政事业单位会计制度的综合单位的事业收入和事业单位经营收入、个体工商户的营业收入），比上年增加 96.81 亿元；全省文化产业增加值达到 209.72 亿元，比上年增加 57.69 亿元，与 2004 年的 24.79 亿元相比，文化产业增加值规模将翻 3 番以上，年均增速达到 20% 以上；占 GDP 的比重为 2.62%，比上年上升 0.4 个百分点，比 2004 年提高了 1.14 个百分点。其中，2012 年国有文化企业收入为 67.51 亿元，国有文化企业收入已超过全省文化产业总收入的六分之一。2015 年新增由多彩贵州文化产业发展中心转企组建的多彩贵州文化产业集团有限公司，全省有省直国有文化企业集团 7 个，省直国有文化企业集团拥有总资产 1309943.09 万元，净资产 593105.46 万元；营业收入 832041.88 万元，主营业务收入 815635.03 万元；利润总额 67836.5 万元，净利润 66175.54 万元；纳税总额（含减免税额）61432.89 万元，减免税额 32686.39 万元；从业人员 10468 人。其中主营业务收入同比增长 26.2%，总资产同比增长 22.4%。主营业务收入同比增幅最大的是多彩贵州网有限责任公司，增幅达 246.6%；其次是贵州广电传媒集团有限公司，增幅 32.2%；最后是贵州出版集团公司，增幅 11.9%。（见表 2-17）

表 2-17　省直国有文化企业集团发展状况

国有文化企业集团	年份	营业收入（万元）	主营业务收入（万元）	利润总额（万元）	净利润（万元）	总资产（万元）	净资产（万元）	纳税总额（含减免税额）（万元）	减免税额（万元）	从业人数（个）
贵州广电传媒集团有限公司	2013	410689	396464	77079	73570	490702	162588	30144	9627	6967
	2014	534561	520031	41667	38116	579177	198724	35634	14671	5913
	2015	702475	687618	37543	39429	686812	255731	36413	17170	6006
贵州出版集团公司	2013	169865	169865	22414	21968	278315	182186	18028	14693	2206
	2014	170585	170585	26800	26394	373543	237161	18944	15652	2196
	2015	190881	190881	24406	23847	489797	256273	19800	15516	2160
贵州日报报业集团传媒有限责任公司	2013	23857	22328	6496	5714	62712	44431	1751	153	1236
	2014	241517	16093	6280	5628	63598	50059	6480	6	1135
	2015	14884	13497	2827	2641	69977	52700	4437	0	1506

国有文化企业集团	年份	营业收入（万元）	主营业务收入（万元）	利润总额（万元）	净利润（万元）	总资产（万元）	净资产（万元）	纳税总额（含减免税额）（万元）	减免税额（万元）	从业人数（个）
当代贵州期刊传媒集团有限责任公司	2013	6839	6761	736	732	18180	10076	253	0	241
	2014	7450	7388	308	291	19742	10091	225	0	252
	2015	9763	7663	211	44	21680	3909	431	0	248
多彩贵州网有限责任公司	2013	—	—	—	—	—	—	—	—	—
	2014	1125	1125	952	952	7082	2792	33	0	142
	2015	3900	3900	1237	1237	13362	4640	277	0	174
贵州文化演艺集团有限责任公司	2013	6049	6049	−427	−427	22815	17684	90	0	357
	2014	2151	2151	−808	−808	26766	20159	88	0	364
	2015	1765	1765	−363	−363	28316	19852	76	0	374
多彩贵州文化产业集团有限责任公司	2013	—	—	—	—	—	—	—	—	—
	2014	—	—	—	—	—	—	—	—	—
	2015	—	—	—	—	—	—	—	—	—
合计	2013	617299	601467	106297	101557	872724	416965	50267	24473	11007
	2014	957390	717373	75199	70572	1069908	518986	61403	30329	10002
	2015	923669	905324	65861	66835	1309943	593105	61433	32686	10468

三、民营企业状况

2015 年，全省有民营法人企业 10791 家，实现增加值 218.99 亿元，占 63.58%，同比增长 32.7%；从业人数 113846 人，占 37.04%。

民营法人企业按十大行业分类，增加值排前四位的行业依次是文化休闲娱乐服务业、文化创意和设计服务业、文化用品的生产和工艺美术品的生产；名列增速排前四名的行业依次是文化专用设备的生产、文化创意和设计服务、文化休闲娱乐服务和文化艺术服务。（见表 2－18）

表2－18　贵州省民营法人企业十大行业发展状况

文化产业行业大类	增加值	单位数	从业人员数	资产	总产出	营业盈余	税金
单位	亿元	个	人	亿元	亿元	亿元	亿元
新闻出版发行服务	3.15	193	1669	38.82	8.48	1.39	0.24
广播电视电影服务	5.77	135	2685	38.71	22.51	2.29	0.84
文化艺术服务	5.47	225	4057	41.11	12.54	3.00	0.35
文化信息传输服务	17.07	178	7705	50.85	29.94	5.17	－0.61
文化创意和设计服务	49.76	4052	27624	157.71	124.83	25.06	3.10
文化休闲娱乐服务	70.81	3129	33577	490.57	102.44	46.36	0.99
工艺美术品的生产	22.94	1533	17718	68.91	18.60	13.45	1.49
文化产品生产的辅助生产	12.32	665	8828	51.05	13.70	4.83	1.71
文化用品的生产	30.85	660	9473	71.49	31.86	18.29	2.50
文化专用设备的生产	0.88	21	510	11.33	1.02	0.91	0.08
合计	218.99	10791	113846	1020.55	365.93	120.73	10.69

民营法人企业按地区分，增加值排前四位的依次为贵阳市、遵义市、六盘水市、黔南州；名列增速排前四名的市（州）依次是毕节市、黔南州、六盘水市、遵义市。（见表2－19）

表2－19　贵州省民营法人企业地区发展状况

地区名称	增加值	单位数	从业人员数	资产	总产出	营业盈余	税金
单位	亿元	个	人	亿元	亿元	亿元	亿元
贵州省	218.99	10791	113846	1020.55	0.02	120.73	10.69
贵阳市	72.87	2221	26959	389.54	0.01	29.71	4.21
六盘水市	27.72	603	11122	65.91	0.00	22.17	0.09
遵义市	34.81	2126	20976	200.56	0.00	19.71	2.37
安顺市	13.17	859	7700	46.19	0.00	8.57	0.44
毕节市	11.68	935	7900	77.09	0.00	7.43	0.37
铜仁市	11.58	809	5840	33.70	0.00	7.09	0.70
黔西南布依族苗族自治州	8.77	523	5660	31.84	0.00	5.19	0.27
黔东南苗族侗族自治州	14.35	1597	15473	84.00	0.00	7.46	0.82
黔南布依族苗族自治州	24.05	1118	12216	91.72	0.00	13.41	1.41

四、"三上""三下"文化法人企业状况

(一)"三上"文化企业状况

2015 年,全省"三上"文化法人企业 390 个,资产 426.84 亿元,总产出 139.80 亿元,实现增加值 67.06 亿元,同比增长 30.4%,占全省文化产业增加值的 19.50%。

十大行业中,增加值排前四位的行业依次是文化创意和设计服务、文化用品的生产、文化信息传输服务和文化产品生产的辅助生产。(见表 2-20)

表 2-20　"三上"文化法人企业主要经济指标十大行业分布状况

文化产业行业大类	增加值	单位数	资产	总产出	营业盈余	税金
单位	亿元	个	亿元	亿元	亿元	亿元
新闻出版发行服务	3.23	50	87.38	6.82	0.58	0.19
广播电视电影服务	1.23	18	4.63	4.02	0.45	0.12
文化艺术服务	0.11	19	4.86	1.23	-0.39	0.00
文化信息传输服务	14.00	4	38.37	23.18	3.67	-0.81
文化创意和设计服务	16.73	59	82.37	61.45	3.98	1.49
文化休闲娱乐服务	4.83	74	120.47	10.05	1.66	0.01
工艺美术品的生产	2.70	35	13.82	4.05	1.14	0.50
文化产品生产的辅助生产	9.58	37	26.83	10.15	4.77	1.42
文化用品的生产	14.53	93	38.39	18.53	7.16	1.75
文化专用设备的生产	0.13	1	9.71	0.33	0.48	0.05
合计	67.06	390	426.84	139.80	23.49	4.73

从地区分布来看,"三上"文化法人企业主要集中在贵阳市和遵义市,两市"三上"文化法人企业数占 46.15%;增加值占比 78.30%。(见表 2-21)

表 2 - 21　"三上"文化企业主要经济指标地区分布状况

地区名称	增加值	单位数	资产	总产出	营业盈余	税金
单位	亿元	个	亿元	亿元	亿元	亿元
贵州省	67.06	390.00	426.84	139.80	23.49	4.73
贵阳市	43.00	116	228.38	99.15	12.36	2.41
六盘水市	0.38	15	4.68	0.99	0.11	0.04
遵义市	9.51	64	49.92	13.61	5.14	1.19
安顺市	2.26	16	12.08	2.59	1.27	0.11
毕节市	2.74	23	49.82	4.32	1.28	0.13
铜仁市	3.60	34	13.13	5.53	1.57	0.49
黔西南布依族苗族自治州	0.76	13	7.69	3.18	0.20	0.04
黔东南苗族侗族自治州	1.55	37	39.26	4.12	0.25	0.04
黔南布依族苗族自治州	3.27	72	21.88	6.30	1.32	0.28

（二）"三下"文化企业状况

2015 年，全省有"三下"文化法人企业 11010 个，资产合计 968.23 亿元，总产出 287.84 亿元，实现增加值 183.99 亿元，占全省文化产业增加值的 53.42%。

十大行业中，增加值排前四位的行业依次为文化休闲娱乐服务、文化创意和设计服务、工艺美术品的生产和文化用品的生产。（见表 2 - 22）

表 2 - 22　"三下"文化法人企业主要经济指标十大行业分布状况

文化产业行业大类	增加值	单位数	从业人员数	资产	总产出	营业盈余	税金
单位	亿元	个	人	亿元	亿元	亿元	亿元
新闻出版发行服务	8.81	287	6648	120.34	18.10	3.59	0.50
广播电视电影服务	5.30	154	3231	39.70	19.72	2.16	0.75
文化艺术服务	6.32	229	5369	40.46	12.39	3.46	0.35
文化信息传输服务	4.66	304	11920	17.77	10.31	2.28	0.35
文化创意和设计服务	34.97	4056	29403	87.30	79.75	21.97	1.76
文化休闲娱乐服务	75.25	3140	37522	523.63	108.40	50.58	1.43
工艺美术品的生产	21.41	1512	18177	59.25	15.63	13.13	1.12
文化产品生产的辅助生产	9.47	726	11925	39.63	8.89	2.94	1.11
文化用品的生产	17.05	580	10055	38.50	13.94	11.49	0.84
文化专用设备的生产	0.76	22	543	1.65	0.70	0.43	0.02
合计	183.99	11010	134793	968.23	287.84	112.03	8.22

从地区分布来看，"三下"文化法人企业主要分布在贵阳市、遵义市、六盘水市和黔南州，四个市（州）企业数占56.09%，增加值占68.68%，"三下"法人企业地区分布较为分散。（见表2-23）

表2-23　"三下"文化法人企业主要经济指标地区分布状况

地区类别	增加值	单位数	从业人员数	资产	总产出	营业盈余	税金
单位	亿元	个	人	亿元	亿元	亿元	亿元
贵州省	183.99	11010.00	134793.00	968.23	287.84	112.03	8.22
贵阳市	44.81	2274	35997	321.61	96.52	22.35	3.26
六盘水市	28.12	623	12775	119.45	32.05	22.59	0.45
遵义市	30.13	2164	23784	211.85	54.45	17.42	1.36
安顺市	15.33	876	9569	70.89	23.67	9.66	0.37
毕节市	9.92	942	9160	35.51	12.20	6.85	0.27
铜仁市	8.66	825	6472	26.24	11.40	5.82	0.23
黔西南布依族苗族自治州	9.45	544	6423	33.69	13.30	5.71	0.27
黔东南苗族侗族自治州	14.28	1647	16804	64.91	16.99	7.90	0.81
黔南布依族苗族自治州	23.30	1115	13809	84.07	27.26	13.74	1.21

第七节　文化产业发展存在问题

一、部分地区文化体制改革进程缓慢

近年来，贵州省文化体制改革取得了一定进展，但部分地区的机制建立还未取得实质性突破，存在改革制度不到位、改革不深入、质量不高等问题。在六盘水市的改革中，一些兼有经营性业务的文化事业单位改革进程慢，还没有转型成为具有生机活力的市场竞争主体，比如博物馆、文化馆、图书馆等文化事业单位尚未真正建立法人治理、收入分配、社会保障等制度，其内部运营管理还不允许社会力量的参与。党报党刊和广播电视台等文化事业单位还需要进一步完善管理体制和运行机制。一些国有文化资产尚未充分盘活，增值效益不高，甚至有被挪作他用的现象等等。多地的文化产业改革涉及文化、文物、旅游、林业、城市规划、土地管理等多个政府部门，隶属关系的不同，造成行业规划不统一、改革部门职能受限、部门难以主导实施，导致改革合力弱。文化产业改革未能得到相关配套法律法规的支持和保证。对与文化产业发展相关的如文化资源、设施的管理、保护、开发、利用等缺乏立法规范。

二、产业政策不健全、不配套

文化产业作为新兴的、前景广阔的产业和新的经济增长点，其发展需要相关的政策与之配套，需要在税收、投资、金融等方面的倾斜和优惠政策以及各个综合部门的大力支持。贵州省相继出台的相关文化产业的政策，现有的政策导向不是很明确，出台的相关产业政策也不够系统，未能形成合力，产业政策的效果不明显。六盘水市在财政、投融资、税收、土地、社会保障、人才、人员分流和收入分配等九个方面出台过一系列优惠政策，支持和鼓励文化产业发展，但是由于政策不配套等各种原因，有的职能部门认识不到位，这些优惠政策难以落实。其他地区关于扶持文化发展的土地、金融、财政、环境等一系列政策还未正式出台。

三、文化产业要素投入不足

文化产业要素投入不足一方面表现为投资规模的不足，当前贵州投资项目规模较小，利用外资水平不高，缺乏大项目支撑，文化产业投资主体多为当地民间投资和个体工商户。截至 2014 年底，在全省 12911 个文化产业单位中，有 8506 家民营文化企业，实现增加值 165.02 亿元，占全省文化产业增加值的 55.59%，从业人员近 13 万人；文化产业个体工商户有 5 万余户，从业人员达 15 万余人。文化产业增加值中，民营文化企业和个体工商户占比接近 90%。另外，贵州文化产业缺乏高端人才。人才短缺已成为制约贵州省文化产业发展的关键因素，当前贵州文化产业综合现状是较多的从业人口数量和低素质人口比重过大并存，丰富的人力资源和匮乏的人力资本并存。贵州文化产业不仅缺乏具有创造力的艺术家，还缺乏一批专门经营文化产业的人才。截至 2014 年底，贵州全省文化产业从业人员 36.48 万，从业人员中高中级管理人才还很缺乏、人员结构不合理，制约着文化产业市场化运作，特别是与发展现代文化产业的要求还很不适应。最后，贵州省文化产业要素投入不足还表现为文化产品的科技含量低，传统文化产业的改造和创新文化表现形式能力较弱，文化产业未能较好地运用现代高科技手段，文化产业与数字网络技术融合较低，低技术含量文化产业比重偏大，文化产业增值率不高。

四、旅游与文化产业缺乏深度融合

近几年来，推动贵州文化产业发展的主要是传统的旅游产业，贵州丰富的文化资源通过多年的宣传、开发，已经形成很好的比较优势，有气候优势、生态环境优势，还有夜郎文化、红色文化、民族文化，但产品质量不高，没有将这些资源优势转化为市场优势，旅游产业与文化产业缺乏深度融合。贵州旅游产业的表现形式单一，与文化产业的整合力度不够大，开发和利用大多停留在"原生态"和"毛坯"的阶段，旅游的表现形式主要集中在景区、景点，缺少大型的、专业化的与文化旅游相关的文艺表演活动，旅游纪念品开发主要来自于少数民族地区自我生成发展，缺乏创意和本地特色，专业化的开发生产还处于起步阶段，还未找到与其他产业特别是文化产业相融合的有效切入点和长效机制。

第三章

贵州省文化产业与全国及周边
省区比较分析

第一节　贵州与发达国家和我国发达
地区比较分析

　　美国、法国、英国、韩国、德国、日本、加拿大等经济发达国家
的文化产业早已成为国民经济中的支柱产业和经济增长动力。以欧美
发达国家美国为例，它是世界文化产业强国，1998 年的文化产业产值
已达国民生产总值的 18%～25%，至 2001 年，其文化产业产值突破 1
万亿美元，而我国 1999 年的国民生产总值也仅仅是这个数值。值得关
注的是全美前 400 强企业中，文化产业企业就占了 72 个。据有关资料

显示，2005 年美国文化产业出口总额为 2000 多亿美元，占全美出口总额的 70% 左右，收入占整个外贸的 38.5%。以亚洲发达国家日本为例，1993 年日本文化产业产值超过了汽车制造业，位居第二大产业（第一大产业为制造业），其产值占国民生产总值的 18%。日本前 400强企业中，文化企业占了 81 家，日本生产的动画片占全球播放的 60%。2002 年，日本出口美国市场相关文化产品约 90 亿美元，高于日本对美国钢铁出口额的 4 倍。可见，文化产业已成为文化强国的支柱产业及新的经济增长点。据有关资料显示，在近 20 年发展中，国际贸易中的文化商品交易额呈几何级数增长，但是进行交易主体是很少一部分国家，以欧美发达国家美国为例，美国控制了全球 75% 的电视节目生产和制作并拥有全球文化巨无霸企业的 50% 以上。美国影片占据了全球总放映时间一半以上，但它的电影产量只占全球的 6.7%。我国目前上海、湖南、北京、云南、浙江 5 个省市文化产业已成为支柱性产业，其文化产业产值都在千亿元以上。其中，上海总量最大，接近 3000 亿元，北京总量接近 2000 亿元，位居第二。而 2010 年贵州文化产业总收入为 321.65 亿元，按 1 美元兑换 6.5 元人民币汇率计算，总计 49.48 亿美元。

第二节　与周边省（市、区）产业发展现状对比研究

与贵州省接壤的周边省（市、区）是四川省、重庆市、湖南省、云南省和广西壮族自治区，将这五个省（市、区）作为比较研究的对象是考虑到它们在地理位置和文化特征方面与贵州有许多相似之处，但贵州文化产业发展水平却与其存在着较大差距。2014 年，贵州文化产业增加值接近 300 亿元，达到 296.85 亿元，占全省当年 GDP 总量达到 3.21%。同年，全国文化产业增加值占 GDP 比重为 3.77%，湖南文化产业增加值占当年

全省 GDP 比重为 5.7%，而云南的增加值占 GDP 比重早在 2010 年就已经达到 6%，文化产业已然成为其国民经济的支柱型产业。近年来，贵州及其周边的地区经济保持平稳较快发展的良好势头，文化产业也得到较快的发展。2009 年至 2013 年间，贵州文化产业增加值年均增长率为 35.5%，位居六省市第一；广西年均增长率为 29.3%，增速位居第二位；重庆年均增速为 22.6%，位居第三位；云南和湖南年均增速分别为 18.7% 和 17.6%，位列第四和第五；由于四川文化产业增加值的统计口径在 2013 年发生变化，故无法测算其年均增长率。五年间，这六个省（市、区）文化产业占 GDP 比重也逐年增加，贵州省文化产业占 GDP 比重从 2009 年 1.59% 增加至 2013 年的 2.62%，增长了 1.03 个百分点，广西增长了 0.93 个百分点，重庆增长 0.42 个百分点，云南和湖南分别增长 0.2 和 0.1 个百分点。但从文化产业增加值的总量及其占全省 GDP 比重来看，贵州与六省市相比还存在着一定的差距。2009 年，贵州文化产业增加值为 62.23 亿元，占全省当年 GDP 比重仅为 1.59%；2013 年，文化产业增加值达到 209.72 亿元，占 GDP 的比重上升到 2.62%。2009 年，云南文化产业增加值为 364 亿元，占 GDP 比重高达 5.9%；2013 年，文化产业增加值达到 721.77 亿元，占比达到 6.1%。2009 年，湖南文化产业增加值为 682.16 亿元，占比达到 5.2%；2013 年，文化产业增加值达到 1304.97 亿元，占比为 5.3%。四川 2009 年文化产业增加值达到 427 亿元，占比为 3%；2013 年，按照国家统计局新的统计口径，四川文化产业增加值为 452 亿元，占比为 1.72%。广西 2009 年文化产业增加值为 142.01 亿元，占比为 1.83%；2013 年分别达到 396.78 亿元和 2.75%。重庆市 2009 年文化产业增加值及其占 GDP 比重分别为 188.14 亿元、2.88%，2013 年分别增长至 425 亿元和 3.3%。（见表 3 - 1）

表 3-1　贵州与全国、周边省（市、区）文化产业增加值及其占 GDP 值情况

单位：亿元

省份 指标	2009 年		2010 年		2011 年		2012 年		2013 年	
	文化产业 增加值	占 GDP 比重	文化产业 增加值	占 GDP 比重	文化产业 增加值	占 GDP 比重	文化产业 增加值	占 GDP 比重	文化产业 增加值	占 GDP 比重
全国	8400	2.5%	11052	2.75%	13479	2.85%	18071	3.48%	21351	3.63
贵州	62.23	1.59%	—	—	111.18	1.95%	152.03	2.22%	209.72	2.62%
云南	364	5.9%	440	6.1%	534	6.1%	635	6.1%	721.77	6.1%
湖南	682.16	5.2%	827.56	5.2%	1012	5.2%	1175	5.31%	1304	5.3%
四川	427	3.01%	521	3.03%	715	3.4%	936	3.92%	452	1.71%
广西	142.02	1.82%	180.21	1.88%	293.24	2.5%	356.67	2.74%	396.78	2.75%
重庆	188.14	2.88%	238.75	3.01%	309.48	3.09%	365.89	3.2%	425	3.3%

　　截至 2014 年底，贵州全省有文化产业单位 12911 个，其中法人单位 11687 个，个体工商户 51336 户，从业人员 36.48 万人，文化产业实现年收入 705.68 亿元。近几年来，贵州文化产业领域不断扩大，目前，贵州省文化产业已经广泛涉及文化相关产品的生产、文化用品贸易业和文化服务业的各个领域，但结构层次不高。2014 年，文化产业十大行业中，增加值排在前四位的分别为文化休闲娱乐服务 84.66 亿元、文化用品生产 50.23 亿元、文化创意和设计服务 39.78 亿元、工艺美术品生产 31.79 亿元，共计实现增加值 206.46 亿元，占全省总增加值比例达 69.55%。而文化艺术服务、文化产品生产的辅助生产、新闻出版发行服务、广播电视电影服务和文化专用设备的生产增加值较低，分别为 18.84 亿元、18.64 亿元、17.08 亿元、10.87 亿元和 0.50 亿元。2014 年，全省文化产品生产的增加值高于文化相关产品的增加值，前者为 227.28 亿元，占全省文化产业增加值的 76.56%，后者为 69.57 亿元，占全省文化产业增加值的 23.44%。文化产业的两大部分增加值比值为 3.27∶1。贵州文化产业发展中，一方面发展速度和对经济的贡献日趋加快和明显，另一方面发展的总量较小，与周边省（市、区）还有较大差距，贵州文化产业发展还具有巨大潜力。

第三节 与周边省（市、区）文化产业 结构比较研究

总体来看，近几年贵州及周边省（市、区）文化产业内部结构持续优化，文化产业步入升级轨道，但由于各省份的文化产业发展不均衡，产业内部的结构存在差异。2009 年，贵州文化产业增加值达 62.23 亿元。当年，包含新闻出版发行、广播电视在内的文化产业核心层的增加值比重最高，达到 38.98%，其中增加值比重最高的是新闻出版和服务行业，占整个核心层的 61.6%；包括网络文化、文化休闲娱乐和其他文化服务在内的外围层的增加值比重位居第二，达到 27.16%，其中增加值比重最高的是文化休闲娱乐服务行业，占外围层的比重超过 75%；而包含文化用品、设备及辅助产品生产的相关层所占比重最低，仅为 10%。经过 5 年的发展，贵州文化产业内部结构不断优化，2014 年贵州文化产业十大行业中，增加值排在前四位的分别为文化休闲娱乐服务 84.66 亿元、文化用品的生产 50.23 亿元、文化创意和设计服务 39.78 亿元、工艺美术品生产 31.79 亿元，共计实现增加值 206.46 亿元，占全省总增加值比例达 69.55%。而文化艺术服务、文化产品生产的辅助生产、新闻出版发行服务、广播电视电影服务和文化专用设备的生产增加值较低，分别为 18.84 亿元、18.64 亿元、17.08 亿元、10.87 亿元和 0.50 亿元。文化产业内部的结构已经由三大层级中的核心层比重较高向下降转变，外围层与相关层的比重呈现逐步提高的趋势。

但从产业发展的形态来看，贵州文化产业的发展主要依靠传统产业业态，比如景区旅游等，传统文化产业的改造和创新表现形式明显不足，文化产业未能较好地运用现代高科技手段，与数字网络技术融合程度较低，现阶段低技术含量的文化产品比重偏大，文化产业增加值率不高。文化产业创新、创意少以及技术手段不足导致文化产业向市场提供的能够得到广

泛认同的产品不多。

　　周边省市中,湖南省和云南省文化产业结构发展较为合理。2013年湖南省文化产业核心层、外围层和相关层三个层次的增加值比例为31.5:35:33.5,文化产业发展综合指数在全国排名第八。湖南文化产业发展的特点是电视产业发展显著,并且品牌数量较多、品牌实力较强。截至2012年,《中国文化品牌报告》共发布322个文化品牌,其中"湘字号"文化品牌36个,占11%。以"广电湘军""出版湘军""动漫湘军""演艺湘军"为代表的文化湘军品牌在全国都具有较强的影响力。湖南文化产业品牌实力较强,2012年《中国文化品牌报告》共发布322个文化品牌,其中"湘字号"文化品牌36个。截至2013年,湖南卫视连续8年在全国各省级卫视收视率排名第一位,湖南出版集团连续5年进入中国最大企业集团500强。中南传媒、电广传媒连续五届入选全国文化企业30强。

　　云南文化产业以新闻出版、广播影视、文化艺术为主的主体产业地位较突出,2013年实现增加值313.52亿元,占文化产业增加值的比重达43.08%,占全省GDP的2.67%,主体产业对整个文化产业整体的带动作用较为明显。截至2013年底,文化产业法人单位已发展到1.4万家,从业人员21.59万人,文化产业实现法人单位增加值362.4亿元,占全省地区生产总值(GDP)的3.07%。云南文化产业发展总体处于西部前列、全国中上的水平,走出了一条具有鲜明特色的发展道路,被称为"云南现象""云南模式"。总体来说,云南文化产业发展主要依托丰富多样的文化资源,依托文化与旅游融合发展,带动相关产业发展。其中民族演艺、节庆会展发展最为显著,云南立足本地实际,打造了许多著名特色品牌,出现了"云南映象""丽水金沙""蝴蝶之梦""印象丽江""纳西古乐"等艺术精品。

　　广西文化产业发展中拥有一批特色文化的知名品牌。如《印象·刘三姐》,"广西桂林甲天下",以及以少数民族为题材创作的《八桂大歌》《妈勒访天边》《歌王》等。广西文化产业发展的经验是在深入挖掘文化特色资源的基础上，既创造精品，又打响品牌；不仅要打造成文化品牌，还要进一步打造成产业品牌。四川和重庆文化产业特点是发展特色旅游和休闲娱乐，比如以金沙遗址为代表的古蜀历史人文景观，以青城山为代表的道教文化，以九寨沟—黄龙世界为代表的自然文化，以卧龙—都江堰为代表的大熊猫文化等，以川菜为代表的餐饮文化等。

第四节　贵州与周边（省、市）文化产业发展的差距

贵州文化产业与周边（省、市）文化产业发展的差距主要表现在：

第一，文化产业规模小，对经济的贡献小。2009—2013 年间，贵州文化产业总量及其占 GDP 比重在西南六个省（市、区）中是最低的。2009 年贵州文化产业增加值为 62.23 亿元，不足当年湖南省的 10%，仅为广西壮族自治区当年的 43.8%。当年贵州文化产业占 GDP 比重仅为 1.59%，远远低于湖南 5.2% 的水平，也低于广西的 1.82%。到 2013 年，贵州文化产业增加值增长突破 200 亿元大关，达到 209.72 亿元，但还是远远低于周边的五省（市、区），是当年排名第一的湖南省文化产业增加值的 16%，是排名第五的广西壮族自治区的 52.8%。文化产业增加值占 GDP 比重为 2.62%，与湖南相差 3.48 个百分点，比广西低 0.13 个百分点。

第二，产业结构不合理，缺乏优化升级。贵州文化产业主要依靠传统的产业业态，以文化休闲娱乐中的旅游服务为主，新业态的文化创意以及文化与旅游的融合较少，与周边的省（市、区）相比，文化产业结构不合理，文化竞争力明显不足。比如湖南文化产业蓬勃发展主要得益于影视制作，近几年湖南卫视收视率稳居全国省级卫视收视第一位，云南、广西的景区旅游和民族歌舞表演相结合是推动其文化产业实现大发展的关键因素，四川和重庆的巴蜀文化和旅游服务相结合是其文化产业发展的主要特征。周边地区的文化产业实现大发展的经验是立足于当地的资源优势，将

传统的旅游服务与文化相结合是提高文化产业竞争力的重要抓手。贵州传统文化产业和产品的比重较大，缺乏进一步快速更新和开拓市场的能力。

第三，文化产业缺乏品牌优势，产业竞争力较弱。湖南省有优秀的影视制作产业，以"广电湘军""出版湘军""演艺湘军"为代表的文化湘军品牌在全国都具有较大的影响力。云南、广西、四川和重庆有著名的景区旅游和文化表演品牌，"云南印象""印象丽江""印象·刘三姐""桂林山水甲天下""巴蜀文化""川菜"等在国内都具有不小的名气，而贵州的文化产业中只有一个"多彩贵州"稍有名气，没有开发出其他的文化品牌。贵州拥有丰富的文化资源，但文化资源禀赋优势还未转化为市场中的竞争优势，文化核心竞争力明显不足。

第四，文化产业发展科技含量低，文化与科技融合发展不足。2013年，贵州十大文化产业中，文化创意和设计服务为25.51亿元，仅占当年文化产业增加值的12.16%，而湖南和云南文化创意产业早已成为文化产业的核心竞争优势，贵州现代文化创意设计与产品生产仍是文化产业中的"短板"。

第四章

贵州省文化产业发展环境及预测分析

第一节　发展环境分析

一、国内环境

党的十八大以来，我国文化产业进入新的发展时期，宏观发展环境进一步改善。2015年，财政部颁布改进文化产业发展专项资金分配计划，先后投资50亿元扶植850个项目，较2014年增长6.25%。《中共中央关于制定国民经济和社会发展第十三个五年规划的建议》提出，要推动文化产业优化升级，培育新型文化产业，实现文化产业与公共文化融合发展。近年来，中央推出"一带一路"、长江经济带、新城镇化建设等一系列重大倡仪和战略，在推动相关省区经济发展的同时为文化产业发展提供新的支撑点。跨区域战略的实施对于打破行政界限的划分，对实现文化产业横跨东中西部层级性发展格局具有积极意义。

2015 年 11 月，《中共中央关于制定国民经济和社会发展第十三个五年规划的建议》明确提出在新的五年中，基本形成公共文化服务体系，文化产业成为国民经济支柱性产业，持续扩大中华文明影响力，有力增强我国软实力。与此同时，深化文化体制改革，实施重大文化工程，完善公共文化服务体系、文化产业体系、文化市场体系。推动基本公共文化服务标准化、均等化发展，引导文化资源向城乡基层倾斜，创新公共文化服务模式，保障人民基本文化权益。推动文化产业结构优化升级，发展骨干文化企业和创意文化产业，培育新型文化业态，扩大和引导文化消费。普及科学知识，倡导全民阅读。发展体育事业，推广全民健身，增强人民体质。特别指出，做好 2022 年北京冬奥会筹备工作。"十三五"规划对文化产业的特别支持，将为我国文化产业发展营造良好的国内环境。

二、省内环境

2015 年，是贵州"十二五"计划收官之年，全省经济处于高速发展时期。2014 年，贵州实现生产总值 9251.01 亿元，增长 10.8%，增速位居全国第二位，省内经济建设处于蓬勃发展时期，为"十三五"做好了坚实的物质基础和思想准备。伴随经济基础的牢固和相关政策的出台，2016 年本省文化产业环境进一步改善。中央"十三五"规划中涉及文化产业转型升级等内容对贵州是难得的鼓舞与支持，为贵州省政策小环境建设做好政治方面的准备。根据中央《2015 年文化体制改革和发展工作要点》，贵州省相继出台《中共贵州省委关于认真学习贯彻党的十八大精神与全国同步全面建成小康社会而奋斗的决定》和《中共贵州省委办公厅贵州省人民政府办公厅关于以县为单位开展全面建设小康社会统计监测工作的通知》《贵州省精神文明建设"五个一"工程规划纲要》等指导意见。2015 年 3 月，省委、省政府和文化厅等相关部门在工作要点中指出：推动贵州文化广场项目建设；推动文化创意与设计服务与相关产业融合发展；推动贵州彝族文化产业走廊建设；继续推进县域文化产业发展"三个一工程"，做好第一、二批项目管理和第三批项目评选工作；组织做好中央和省文产项目资金申报工作；做好文化产业年度统计工作；组团参展"2015 中国（北京）国际文化创意产业博览会""中国海峡两岸文化创意博览会"；抓好文化创意人才培训，组织中小微文化企业赴台湾参观学习；做好动漫企业认定工作，组织好第九届亚洲青年动漫大赛和第三届中国（贵州）民族民间工艺品、文化产品博览会；指导贵州省民营文化产业协会发挥好行业服务、自律、协调和监督作用；推动文化与金融合作，支持小微文化企业和特色文化产业发展。加强文化人才队伍建设。组织好"三区"人才支持计划文化工作者专项工作，加强文化专业人才培养；继续加强文艺专业人才、文化遗产保护传承、公共文化服务、文化产业经营管理和文化市场综合执法队伍建设；做好四个系列文化专业人员职称评审工作。加强政策法规保障。认真谋划，统筹协调，编制了《贵州省"十三五"文化事业和文化产业发展专项规划》；开展《贵州省公共文化服务促进条例》《贵州省海龙囤保护条例》立法调研；抓好文化行政执法监督检查工作；完善法律顾问制度，重大行政决策和重大项目建设等充分听取法律顾问和法律机构意见，并适时邀请公众参与，开展专家论证、风险评估和合法性审查；加强政府信息公开，提高工作透明度，促进依法行政；加强法律法规宣传，适时开展相关培训；加强政策法规工作调研和课题研究，制定《贵州省文化厅调研工作管理办法》；开展贵州文化演艺业状况调查；编制《文化法律法规汇编》。2016 年颁发的《贵州省"十三五"文化事业和文化产业发展规划》在发展目标中明确提出："文化产业成为国民经济支柱性产业、提高文化开放水平、多彩贵州民族特色文化品牌打造取得明显成效。"2017 年 4 月 16 日，贵州省委书记陈敏尔在中国共产党贵州省第十二次代表大会上的报告《紧密团结在以习近平同志为核心的党中央周围决胜脱贫攻坚同步全面小康奋力开创百姓富生态美的多彩贵州新未来》中明确提出："全面提升文化自信。着力建设多彩贵州民族特色文化强省，增强文化自觉，强化文化担当，培育文化品牌，用红色文化弘扬革命传统，用先进文化引领时代风尚，用精品力作讴歌劳动人民，用人文精神激发奋斗热情。深入推进文化事业和文化产业发展。实施优秀传统文化发展工程，大力发掘利用民族文化、山地文化、阳明文化、"三线"文化等优势资源，推进文化与科技、旅游等融合发展，让优秀传统文化活在当下、服务当代。坚持以人民为中心的创作导向，推出既有深度又有温度、既叫好又上座的文化艺术精品。实施文化惠民工程，加快构建现代公共文化服务体系。深化文化体制改革，实施文化产业培育工程，增力"优质文化产品和服务供给，让群众有更多文化获得感！"

省委、省政府及有关部门这些政策为贵州省文化产业发展营造了良好的省内环境。

第二节　机遇和挑战

一、新形势下文化产业发展机遇分析

第一，多彩贵州民族特色文化强省建设带来机遇，为充分发挥民族特色文化强省指明方向。2015 年 11 月，《中共贵州省委关于制定贵州省国民经济和社会发展第十三个五年规划的建议》中明确指出，建设多彩贵州民族特色文化强省战略。要求"十三五"期间，贵州省基本建成覆盖城乡、便捷高效、保基本、促公平的现代公共文化服务体系。深化文化体制改革，完善文化产业体系、文化市场体系。大力发展文化产业，积极发展文化创意、影视服务、文化会展等产业，做大做强省直骨干文化企业，规划建设一批文化产业基地和区域特色文化产业群。发掘和利用民族文化、山地文化、阳明文化、红色文化、"三线"文化的丰富内涵和独特魅力，打造更多文化精品，培育新型文化业态。推进传统文化创造性转化和创新性发展，振兴传统工艺，落实全省非物质文化遗产保护发展规划，支持黔东南国家级民族文化生态保护试验区建设。

第二，大扶贫战略性行动计划实施带来机遇。贵州省是欠发达地区，扶贫难度大。近年来，当文化产业成为新兴产业并快速发展时，贵州省基于现实，选择一条以乡村旅游为主导的，多产业协调发展的扶贫道路；在全国兴起农家乐高潮的时候，贵州省着手编制乡村旅游规划，位居全国前列。近年来，贵州省依托特色文化资源，将旅游业与农业结构调整、扶贫开发相结合，积极挖掘民俗文化，开发乡村旅游，使贫困地区居民收入有所增长，带动脱贫工作的发展。如今，乡村旅游已经成为贵州旅游业重要组成部分，贫困地区以自然风光、民族文化为依托，围绕"消除贫困、保护遗产、促进发展"的主题，广泛开展乡村旅游活动。"十二五"期间，贵州省进一步将新农村建设、大扶贫和乡村旅游有机结合，启动新一轮乡村旅游示范点建设，积极培养乡村旅游产业链。预计 2015 年底建成 10 个具有影响力的乡村旅游扶贫示范区，建成一批乡村旅游示范点，培养一批乡村旅游扶贫品牌企业，争取旅游扶贫收入达到 20 亿元，旅游扶贫区人均收入突破 7000 元。"十二五"期间，贵州省城乡居民人均可支配收入预计分别年均增长 11.7% 和 14.8%，达到 24465 元和 7505 元。贫困人口从 2011 年的 1149 万人减少到 2014 年底的 623 万人，贫困发生率从 33.4% 下降到 14.3%。居民收入的持续增长和贫困人口的下降为文化产业繁荣提供了可靠的经济基础。

目前，贵州省部分地区乡村旅游处于较低水平。文化开发尚有不足。大多数乡村旅游以农家乐面貌出现，旅游质量低、文化气氛较淡，钓鱼、打牌、吃饭成为主体项目，文化缺失成为贵州省乡村旅游继续快速发展的瓶颈。"深入挖掘文化内涵和突出特色，是发展乡村旅游的灵魂"。乡村旅游产业文化内涵的不足既是缺陷，又成为文化产业成长的空间。"十三五"

期间，在乡村旅游中嵌入文化内涵，帮助乡村旅游业凭借自身旅游资源的特色和禀赋来加快旅游产品结构调整，进而推出乡村旅游、民族文化观光和地质奇观探秘等特色独具的乡村旅游系列产品是贵州省文化产业进步的新机遇。

第三，大数据战略行动计划实施带来的机遇。"互联网＋"文化产业显现出巨大活力和潜力，互联网促进文化生产力的重组。实现文化产业发展依靠两大基本条件：一是对信息资源高度依赖。文化产业需要根据市场需求，把文化资源、技术资源等资源有机结合。二是对技术人员高度依赖。文化产业属于高技术密集产业，对技术有相当要求。文化产业核心是人思维的创意，是创造性的发挥。互联网时代之前，各种要素是分裂的，"互联网＋"将各种要素整合成为具有一定包容性的文化商业生态系统。逐步清除文化企业和消费者之间的隔阂，有助于企业将消费者的需求融入战略规划当中，实现文化产业发展的新动力。

近年来，贵州省将新兴产业作为促增长发力点，加快大数据为主导的电子信息工程产业建设，实施"互联网＋"行动计划，积极构建大数据战略策源地和先行区，大力开拓网络经济空间，促进互联网和经济社会融合，超前规划下一代互联网应用和推广，推进产业组织、商业模式、供应链调整，支持互联网的各类创新。当前贵州省大数据产业方兴未艾，文化产业与大数据实现无缝对接将为其注入新的活力。大数据是一次科技革命。大数据也为无形态和服务创造新模式。大数据战略的实施，将为文化产业带来管理理念、经营方式、人才队伍建设等一系列机遇。

第四，新常态下贵州省文化产业面临新的发展机遇。（1）新型城镇化为文化产业提供了全新发展平台。城镇是经济与文化共同组成的发展体。文化产业能有效提高人的幸福指数，提高城市文化质量，为城市发展提供新的活力。（2）文化产业与城市化产生良性互动。城镇化快速推进中，文化产业将进一步刺激消费，成为经济增长亮点。2014年，贵州省文化产业实现收入705.68亿元，增加值296.85亿元，增速41.55％，有力推动贵州省经济增长。（3）新常态下大众创业、万众创新中文化产业成为其中的热土。贵州省委、省政府颁布《关于印发〈支持贵州科学院、贵州省农科院深化科研机制改革试点推进科技创新和成果转化八条措施（试行）〉的通知》等一系列文件，推动创新工程。相关部门顺应新常态下大众创业万众创新的新形势，积极创造良好的创新、创业环境，打造经济增长新支点。伴随具有创新意识中小型文化企业的成长，贵州省文化产业迎来新的春天。

二、新形势下文化产业面临挑战

新时期，贵州省文化产业发展进入新阶段，在面临重大机遇的同时，挑战随之而来：第一，经济下行压力增大，客观增大文化产业发展难度。文化产业本质属于第三产业，受经济波动影响较大。比如新闻媒体因实体经济下滑，造成广告、策划业务收入减少。同时，经济下行之时居民收入可能相应降低，将对影视制作等高成本、大投入行业形成巨大压力。2014年我国经济增幅7.4%，2015年预计低于7%，2016年预计不会高于8%。经济增速的放缓对文化产业将产生消极影响。目前，贵州省文化产业发展存在GDP为核心的指导思想，文化产业过于依靠政府支持，自主生存能力较弱，抗风险能力差。在经济下行形势下面临较大的生存压力。第二，文化产业管理人才不足。目前，贵州省文化产业人才总量不足，结构不合理。策划、组织、全方位人才较少，大多数人才技能相对单一，文化技能相对较低与文化产业发展需要存在矛盾。目前，贵州省从事文化产业人才中普遍缺乏应有的经营管理意识和市场竞争理念，实际工作中多以传统运营模式在竞争中处于劣势。第三，居民收入较低，消费群体未完全成熟。贵州省属于经济相对落后省区。近几年，经济虽以较快速度增长，但是总量与人均收入依然处于较低水平。2014年贵州省经济总量位居全国26位，城镇人均可支配收入居27位，仅仅22548元，低于全国平均水平，不到上海的 50%。消费能力的弱小将是贵州省文化产业发展的瓶颈。与此同时，具有文化消费倾向的年轻群体在形成中，文化消费尚不稳定。

综合判断，机遇大于挑战。2016 年，虽然贵州省文化产业发展面临经济下行等客观不利因素，但是在经济新常态下，面临新的发展机遇。多彩贵州为建立文化强省提供良好的基础；扶贫工作的新发展，乡村旅游对文化的需要成为文化产业成长的新市场。大数据、"互联网＋"的突起为文化产业搭建全新的交流平台。在各种有利因素互动作用下，2016 年，贵州省文化产业面临较好的发展前景。

第三节　发展趋势分析

一、基本趋势分析

通过 2011 年至 2015 年贵州省文化产业发展情况分析，贵州省文化产业在未来一段时间的发展态势将保持高速增长，基本趋势将呈现：

第一，大数据将推动贵州文化产业创新发展。大数据是一场革命，大数据、云计算中心的建成，创造了新的业务形态和新的服务经济模式，带动文化产业发展。大数据战略的实施，将给文化产业带来政策、资金、人才、技术、创新观念等一系列发展契机。通过大数据平台，集群产业吸引高端人才，为贵州文化产业发展创造了新的需求，注入了新动力。

第二，文化产业市场化程度继续提高。贵州将大力发展以民族和山地为特色的文化旅游业，文化旅游文化产业结构的持续调整，一批"专、精、特、新"的中小型文化企业进一步发展，贵州广电网络、出版集团、天马广告、家有购物等企业上市进一步加快。在经济新常态背景下，传统文化企业在一段时间内适应新的商业模式、转型发展和市场化发展的要求，文化产品市场竞争格局将初步形成。贵州省文化企业的市场化程度和竞争程度都将会更高。

第三，文化产业集约化的程度进一步提高。文化产业园区（基地）、服务业集聚区的建设呈现加快发展的态势。旅游基础设施、旅游服务体系提升、旅游信息化、民族文化旅游体验、红色旅游深度开发、旅游景区深度开发等重大工程和项目建设加快推进，贵州文化产业发展聚集效应进一步改善，文化产业聚集化发展程度进一步提高。

第四，文化与旅游深入融合。文化与旅游产业的融合仍将是亮点。贵州多彩民族文化、独特自然景观、良好生态环境和气候优势进一步发挥，重点旅游景区和文化产业园（基地）载体进一步加强，民族民间节庆和文化会展平台建设加快，文化与旅游深度融合更加紧密，打造文化旅游产业升级版。

第五，贵州文化产业行业预测。2015 年贵州省文化产业在中央与地方政策的鼓动下取得高速增长，但行业发展不均衡性依然突出。在新常态作用下，新型产业发展较快，广告服务、设计服务、文化软件服务为主的文化创意和设计服务、文化信息传输服务增速较快，传统文化产业如广播电视、新闻出版处于转型时期，增幅较小。以下我们对文化产业影响较大行业进行发展预测。

第六，广告服务、设计服务、文化软件服务为主的文化创意实现高速增长。实现增加值增长 55.94%，以 50% 计算，预计 2016 年将达到 90 亿元。文化创意和设计服务业涵盖较广，包含建筑设计服务、专业设计服务、文化软件服务等。随着旅游业的发展和省内房地产行业的增长，建筑设计服务将进入高速发展时期。大数据的引进客观上为文化软件服务提供新的市场和技术支持。虽然面临经济下行的压力，该行业增长压力较大，但是在贵州省小环境下，文化创意依然有较大的增长潜力。

第七，广播电影电视服务业快速增长。现阶段，电视与网络出现日益融合趋势，为电影、电视发展注入新的活力。2014 年，广播电视电影服务业总收入 27.23 亿元，实现增加值 10.87 亿元，总收入比 2013 年增加

14.46亿元。占GDP比重为0.12%，较之上年增加0.3%，以此速度预计，2016年广播电影电视服务业总收入将超过70亿元。预测理由：伴随年轻群体消费理念的日益成熟，电影票房收入将快速增长。外地人口迁入贵州省数量增加，电视收视率将稳步提高，广告收入将随之增长。然而，因为2013年基数较小，起点较低，难以维持100%速度增长，预计2016年增速将为50%。

第八，文化休闲娱乐产业稳步增长。文化休闲和娱乐业包括景区游览服务、娱乐休闲服务和摄影扩印服务。2014年文化休闲娱乐业是增加值最高行业，达到84.66亿元，实现收入125.54亿元，增加值占GDP比重0.92%，比2013年上升0.06%，以此推算，预计2016年文化休闲娱乐产业收入将达到300亿元。预测理由：伴随"一带一路"和长江经济区战略规划的实施，以及高铁相继建成，进入贵州省旅游人数将迅速增长，为贵州省旅游业为代表的文化娱乐产业带来黄金发展期，2014年旅游景区管理收入增加值300497.54万元，占比10.12%。在120个行业小类中位居首位。

第九，区域文化产业竞相发展。各市、州将发挥自身资源优势，加快培育文化产业支柱产业，各市、州要完成"十二五"规划确定的目标和任务，将会进一步推动区域文化产业发展。

从区域角度分析，2016年贵州省文化产业将维持高速增长态势，区域型文化产业保持快速发展，但是各市州间差距将进一步拉大。

贵阳市文化产业发展带动全省发展，中心地位更加巩固。2014年，贵阳文化产业增加值92.72亿元，比2013年增加30.8亿元，增速49%；总收入298亿元，占全省42.24%，超过任何两座市州之和。2016年预计文化产业增加值将达到200亿元。

遵义市文化产业维持稳定增长。遵义2014年文化产业增加值54.94亿元，比2013年增加14.56亿元，增幅36%，2016年预计达到94亿元。

六盘水文化产业增加值总量继续扩大。六盘水2013年文化产业增加值

23.76 亿元, 2014 年为 28.25 亿元, 增幅 18.89%。2016 年预计为 40 亿元。

安顺高速崛起, 成为新星。2013 年文化产业增加值 10.21 亿元, 2014 年 20.6 亿元, 比上年增加 101.76%, 考虑其 2013 年基数较小, 增速过快, 2016 年预计增幅以 70% 计算。2016 年预计 60 亿元。

毕节总量将创新高。毕节 2013 年文化产业增加值 14.7 亿元, 2014 年 18.44 亿元, 增速 25.44%, 预计 2016 年 29 亿元。

铜仁位居中游, 赶超先进。铜仁 2013 年文化产业增加值 10.12 亿元, 2014 年 14.62 亿元, 增速 45%, 预测 2016 年达到 30 亿元。

黔西南后发崛起。黔西南 2013 年文化产业增加值 9.15 亿元, 2014 年 13.92 亿元, 增速 52%, 预计 2016 年 32 亿元。

黔东南保持高速。2013 年文化产业增加值 21.15 亿元。2014 年 28.07 亿元, 增速 33%, 2016 年约为 49 亿元。

黔南州增加值刷新纪录。2013 年文化产业增加值 18.33 亿元, 2014 年增加值 25.28 亿元, 增速 37.9%, 预计 2016 年文化产业增加值 50 亿元。

二、贵州文化产业增加值预测

以下将利用 2011 年至 2015 年贵州省文化产业增加值的数据, 通过借鉴灰色预测法, 对其 2016 年、2017 年的文化产业增加值进行定量预测。

(一) 灰色预测模型

1. GM (1, 1) 模型

设非负原始数据序列 X (0) 为

$$X^{(0)} = (x^{(0)}(1), x^{(0)}(2), \cdots, x^{(0)}(n)), x^{(0)}(k) > 0, k = 1, 2, \cdots, n;$$

其中,

$X^{(0)}$ 的 1—AGO 序列 $X^{(1)}$ 为

$$X^{(1)} = (x^{(1)}(1), x^{(1)}(2), \cdots, x^{(1)}(n)), x^{(1)}(k) = \sum_{i}^{k} x^{(0)}(i) > 0, k = 1, 2, \cdots, n;$$

$X^{(1)}$ 的紧邻生成序列 $Z^{(1)}$ 为

$$Z^{(1)} = (z^{(1)}(2), z^{(1)}(3), \cdots, z^{(1)}(n)),$$

其中

$$z^{(1)}(k) = \frac{1}{2}(z^{(1)}(k) + z^{(1)}(k-1)), k = 2, 3, \cdots, n$$

令

$$x^{(0)}(k) + ax^{(1)}(k) = b \qquad (1.1)$$

称式（1.1）为 G（1，1）模型的原始形式。令

$$x^{(0)}(k) + az^{(1)}(k) = b \qquad (1.2)$$

称式（1.2）为 G（1，1）模型的基本形式。

若 $\hat{a} = [a, b]^T$ 为参数列，且令

$$Y = \begin{bmatrix} x^{(0)}(2) \\ x^{(0)}(3) \\ \vdots \\ x^{(0)}(n) \end{bmatrix}, B = \begin{bmatrix} -z^{(0)}(2) & 1 \\ -z^{(0)}(3) & 1 \\ \vdots & \vdots \\ -z^{(0)}(n) & 1 \end{bmatrix}$$

则 GM（1，1）模型的基本形式（灰色微分方程）

$$x^{(0)}(k) + az^{(1)}(k) = b$$

其最小二乘估计参数列满足

$$\hat{a} = (B^T B)^{-1} B^T Y$$

在 GM（1，1）模型的参数列中，称参数 a 为发展系数，b 为灰色作用量。称微分方程

$$\frac{dx^{(1)}}{dt} + ax^1 = b \qquad (1.3)$$

为 GM（1，1）模型（1.1）的白化方程，也叫影子方程。若 $X^{(0)}$，$X^{(1)}, Z^{(1)}, B, Y, \hat{a}$ 的定义如上所述，则有如下结论：（1.3）方程的解也称时

间响应函数，为

$$x^{(1)}(t) = \left(x^{(1)}(0) - \frac{b}{a}\right)e^{-at} + \frac{b}{a}$$

GM（1，1）灰色微分方程（1.1）的时间响应序列为

$$\hat{x}^{(1)}(k+1) = \left(x^{(1)}(0) - \frac{b}{a}\right)e^{-ak} + \frac{b}{a}; k = 1,2,\cdots,n$$

取 $x^{(1)}(0) = x^{(0)}(1)$，则

$$\hat{x}^{(1)}(k+1) = \left(x^{(0)}(1) - \frac{b}{a}\right)e^{-ak} + \frac{b}{a}; k = 1,2,\cdots,n \quad (1.4)$$

还原值

$$\hat{x}^{(0)}(k+1) = \hat{x}^{(1)}(k+1) - \hat{x}^{(1)}(k); k = 1,2,\cdots,n \quad (1.5)$$

利用（1.4）式可求出 $\hat{x}^{(1)}(k)$ 的模拟值，同时利用公式（1.5）还原求出 $x^{(0)}(k)$ 的模拟值。

2. GM（1，1）模型的特征

其中，$x^{(0)}(k)$ 需要满足准光滑条件：光滑比 $\rho(k) = x^{(0)}(k) \Big/ \sum_{i=1}^{k-1} x^{(0)}(i), k = 2,3,\cdots,n$

$\dfrac{\rho(k+1)}{\rho(k)} < 1, k = 2,3,\cdots,n-1$，$\rho(k) \in [0,\varepsilon], k = 2,3,\cdots,n$，$\varepsilon < 0.5$。

光滑离散序列的充要条件是：光滑比 $\rho(k)$ 是 k 的单调递减函数。

GM（1，1）模型的适用范围，与发展系数 a 相关的，一般来说，有如下结论：

1. 当 $-a < 0.3$ 时，GM（1，1）可用于中长期预测。

2. 当 $0.3 < -a < 0.5$ 时，GM（1，1）可用于短期预测，中长期预测慎用。

3. 当 $0.5 < -a < 0.8$ 时，用 GM（1，1）进行短期预测也应十分谨慎。

4. 当 $0.8 < -a < 1$ 时，应采用残差修正 GM（1，1）模型。

5. 当 $-a > 1$ 时，不宜采用 GM（1，1）模型。

3. 模型检验

模型精度检验最常用的方法就是相对误差检验，设残差序列为

$$\xi^{(0)} = (\xi(1),\xi(2),\cdots,\xi(n))$$

$$= (x^0(1) - \hat{x}{}^0(1), x^0(2) - \hat{x}{}^0(2), \cdots, x^0(n) - \hat{x}{}^0(n))$$

则相对误差序列

$$\Delta = \left(\left|\frac{\xi(1)}{x^{(0)}(1)}, \frac{\xi(2)}{x^{(0)}(2,)}\cdots\right|\frac{\xi(n)}{x^{(0)}(n)}\right) = \{\Delta_k\}_1^n$$

对于 k≤n，称 $\Delta_k = \dfrac{\xi(k)}{x^{(0)}(k)}$ 为 k 点，点模拟相对误差，$\bar{\Delta} = \dfrac{1}{n}\sum_{k=1}^{n}\Delta_k$ 为

平均相对误差，若 $\bar{\Delta}$ 满足一定的标准，则称模型通过相对误差检验，可以用于预测。

（二）贵州省文化产业增加值预测分析

1. 模型构建和预测

（1）数据的获取和选择

因 2011 年以前的统计口径变化，为数据的统计口径一致，利用贵州 2011—2015 年的文化产业增加值（见表 4 − 1）。

表 4 − 1　2011—2015 年贵州省文化产业增加值　　　　单位：亿元

年　份	2011	2012	2013	2014	2015
增加值	140.23	152.03	209.72	296.85	344.44

数据来源：《贵州省文化产业统计报告》。

（2）模型的建立和预测

建立 G（1，1）模型，由表 4 − 1 新闻出版业增加值的五个数据得到初始序列：设 $X^{(0)} = \{140.23, 152.03, 209.72, 296.85, 344.44\}$，按照灰色建模的要求，序列必须满足准光滑条件，才能进行建模运算。经过计算，求出序列 $x^{(0)}(k)$ 的光滑比为

$\rho(k) = (\rho(2), \rho(3), \rho(4), \rho(5)) = (0.52, 0.42, 0.37, 0.30)$，满足光滑比 $\rho(k)$ 是 k 的单调递减函数，可以建立灰色系统模型。

其累计生成序列：$X^{(1)} = \{140.23, 292.26, 501.98, 798.83, 1143.27\}$

构造矩阵

$$Y = \begin{bmatrix} 152.03 \\ 209.72 \\ 296.85 \\ 344.44 \end{bmatrix}, B = \begin{bmatrix} -\frac{1}{2}[x^{(1)}(1) + x^{(1)}(2)] & 1 \\ -\frac{1}{2}[x^{(1)}(2) + x^{(1)}(3)] & 1 \\ -\frac{1}{2}[x^{(1)}(3) + x^{(1)}(4)] & 1 \\ -\frac{1}{2}[x^{(1)}(4) + x^{(1)}(5)] & 1 \end{bmatrix}$$

微分方程参数为

$$\partial = \begin{pmatrix} a \\ b \end{pmatrix} = (B^T B)^{-1} B^T Y$$

利用 Matlab 软件计算得 $\partial = \begin{pmatrix} a \\ b \end{pmatrix} = \begin{pmatrix} -0.2588 \\ 106.1503 \end{pmatrix}$

将 a、b 的值带入下式：$\hat{x}^{(1)}(k+1) = \left(x^{(0)}(1) - \frac{b}{a}\right)e^{-ak} + \frac{b}{a}; k = 1, 2, 3, 4, 5$

即得预测模型为：$\hat{x}^{(1)}(k+1) = 550.39e^{0.2588k} - 410.16$。将 $k = 4$，$K = 5$，$k = 6$ 代入预测模型，计算得：$\hat{x}^{(1)}(5) = 1139.55$，$\hat{x}^{(1)}(6) = 1597.30$，$\hat{x}^{(1)}(7) = 2190.25$。

根据累减公式，则：$\hat{x}^{(0)}(6) = \hat{x}^{(1)}(6) - \hat{x}^{(1)}(5) = 457.75$，$\hat{x}^{(0)}(7) = \hat{x}^{(1)}(7) - \hat{x}^{(1)}(6) = 592.95$

（3）模型的检验

相对误差大小检验法，它是一种直观的逐点进行比较的算术检验方法，它是把预测数据与实际数据相比较，观测其相对误差是否满足实际要求。表4-2为计算所得的 $\hat{X}$ (0)、$\hat{X}$ (1) 值，以及绝对误差与相对误差。

表4-2 绝对误差及相对误差

K	X (0)	X (1)	$\hat{X}$ (0)	$\hat{X}$ (1)	X (0) $-\hat{X}$ (0)	相对误差
0	140.23	140.23	140.23	140.23	0.00	0
1	152.03	292.26	162.57	302.80	-10.54	-0.0693
2	209.72	501.98	210.59	513.39	-0.87	-0.0042
3	296.85	798.83	272.79	786.18	24.06	0.0810
4	344.44	1143.27	357.09	1143.27	-12.65	-0.0367

相对误差的绝对值之和的平均值为GM（1，1）模型的平均相对误差。据表可知，GM（1，1）模型的模型精度80.88%，因此，相对误差大小检验通过。

2. 预测结果

利用上面所述预测方法，可预测2016年、2017年贵州文化产业增加值。具体数据见表4-3。

表4-3 贵州文化产业增加值预测　　　　　　单位：亿元

年　份	2016	2017
增加值	457	592

第五章

贵州省文化产业发展路径研究

第一节 文化资源优势转化产业优势路径研究

一、文化资源优势

（一）生态、文化旅游资源极为丰富

贵州省处于北纬27度上下，气候宜人，冬不寒冷，夏不酷热，年平均气温在10℃左右，生态较好，自然风光秀美，具有公园省之美誉。加上贵州独特地形、地貌，形成了一批高品位旅游资源。贵州省现有世界自然遗产2个，国家历史文化名城2个，国家5A级旅游区2个，国家4A级旅游区18个，中国优秀旅游城市6个，黄果树等国家级风景名胜区18个，梵

净山等国家级自然保护区 9 个，百里杜鹃等国家森林公园 21 个，织金洞等国家地质公园 8 个，六枝梭戛等国际性民族生态博物馆 4 个，青龙洞等全国重点文物保护单位 39 个，侗族大歌等国家级非物质文化遗产项目 73 项 125 处，民族文化旅游村寨 1.8 万个。丰富的生态、文化旅游资源为扩大境外游客走进贵州旅游奠定了坚实基础。

（二）丰富的历史文化资源

贵州历史文化资源较为丰富，全省各地都有文物古迹，具有一定价值的文物古迹达 4000 多处，岩画、石刻 185 处，古建筑 73 处，各类古遗址 58 处。被列为全国重点文物保护单位的 19 处，列为省级文物保护单位的 285 处。比较著名的历史文化有阳明文化和红色文化。贵州目前保留下来的红色文化资源有"黎平会议会址""遵义会议会址""四渡赤水"赤水胜地，息烽集中营旧址等。遵义市已经被国家旅游部门列入全国范围内重点建设的 10 个"红色旅游基地"之一。

（三）多彩的民族文化资源

贵州共有 48 个少数民族，17 个世居民族，是一个名副其实的多民族省，其中，少数民族人口数占全国少数民族人口数的比重为 12.4%。少数民族人口占全省总人口的比重为 37.8%，居全国第五位。少数民族丰富多彩，仅传统节日就有 400 多个。在全国较有影响的有苗族的"四月八""芦笙节""龙舟节""姊妹节""苗年"；侗族的"歌酒节"；布依族六月六的"查白歌节"；土家族和仡佬族的"吃新节"；彝族的"赛马节""火把节"；水族的端节、卯节等。目前全省各地纷纷利用民族节日推介当地，如黔东南的"苗年文化周"、黔西南的"六月六布依族风情节"等。少数民族歌舞品牌已成为当地文化旅游的亮点，如黔东南的苗族歌舞、锦鸡舞、苗族飞歌、苗族反排木鼓舞、侗族大歌、侗戏、侗族琵琶歌、黔西南布依族的八音坐唱、安顺的地戏、黔南独山的花灯、荔波的打猎舞等。

（四）非物质文化遗产资源潜能巨大

2015 年，全省非物质文化遗产单位 350 个，同比增长 24.56%；非物质文化遗产个体工商户 125 个，从业人员 9783 人。按十大行业分类，非物质文化遗产单位和个体主要集中在工艺美术品的生产和文化艺术服务行业；增加值贡献主要集中在文化信息传输服务和文化艺术服务方面。从地区分布看，非物质文化遗产单位数排序依次为黔东南州、黔南州、遵义市、毕节市、安顺市、铜仁市、贵阳市、黔西南州和六盘水市；增加值排序依次为黔东南州、遵义市、黔南州、铜仁市、黔西南州、安顺市、贵阳市、毕节市和六盘水市。

贵州文化产业资源丰富，以非物质文化遗产为例，全省现有人类非物质文化遗产名录 1 项，国家级非物质文化遗产名录 74 项 125 处，省级非物质文化遗产名录 440 处，但是对非物质文化遗产的利用程度不高，全省拥有各类景区 474 处，但是不少景区对文化的挖掘整理不够。文化产业与相关产业的融合发展程度还不高，还没有与旅游、餐饮、建筑、制造等产业深度融合发展。另外全省多年坚持开展的"多彩贵州"旅游商品设计大赛、能工巧匠选拔大赛及旅游商品展销大会以及"多彩贵州"系列文化主题活动的成果还没有在产业化利用上发挥作用，特别是文化旅游商品的展销平台还未完全建立，不能较好发挥省内省外两个市场的作用。

二、资源优势转化产业优势路径

（一）立足特色资源打造文化产业特色区域

贵州省生态、历史文化、民族、非物质文化遗产资源极为丰富，现阶段，贵州省文化资源管理相对滞后，知识产权保护处于快速发展阶段，然而与东部地区以及实际需要相比存在部分差距，而且由于贵州省在开发文化资源上存在开发不科学、配置不合理以及产业发展简单粗放等问题，文化资源优势转化为产业优势任重道远。遵循文化产业发展规律，实施可持续发展战略，杜绝简单粗放的盲目开发；重视文化资源的积累和再造，在保护中开发、在开发中保护；克服文化资源开发和文化产品生产雷同问题，注重差异化发展，避免重复开发和资源浪费，科学开发利用贵州省生态、历史文化、民族、非物质文化遗产等特色资源打造贵州省东西南北中多彩贵州城、阳明文化、长征文化、屯堡文化、古彝文化、酒文化产业特色区域，积极推动文化资源优势转化为文化产业强势。

（二）健全现代市场体系，实现文化资源向文化资本转变

文化资本的实质是能带来新价值的文化价值积累，其价值增值的途径是文化资源经过优化配置后形成文化产品和服务。文化资源只有走向市场，才能成为文化资本，创造经济价值。贵州省西江"千户苗寨"经营模式，是以资源换资本的典范。实现文化资源向文化资本转变，必须建立健全现代文化市场体系，完善文化资源市场化配置制度，促进文化资源合理流动、优化配置。同时，加强文化市场监管和调控，明确文化市场主体权责，改进政府管理模式，加强综合执法，规范文化产业运营，维护文化市场公平竞争环境。

（三）完善产业发展机制，促进资源优势向产业优势转变

实现产业化发展，是文化资源创造价值、造福社会的必由之路。贵州省文化资源富集，把厚重的传统文化资源开发好、配置好、利用好，转化为产业发展优势，是贵州省文化和经济繁荣发展的重要途径。贵州省发展文化产业应完善文化产业发展机制，走集约化发展道路，注重培育品牌，形成自身特色和竞争优势；建设文化产业园区及文化产业基地，形成具有联动效应的文化产业带；引进和培养文化产业人才，完善人才有序流动机制，激发人才创新创业热情；出台扶持文化产业发展的政策措施，促进资

源、要素向优势文化产业和企业集聚。

第二节　加快文化产业集聚发展路径研究

一、文化产业集聚（产业园区）情况

2011 年贵州省"十大文化产业园区""十大文化产业示范基地"正式写入《贵州省国民经济和社会发展第十二个五年计划纲要》，2011 年 10 月，贵州省委十届十二次全会通过的《中共贵州省委关于贯彻党的十七届六中全会精神推动多民族文化大发展大繁荣的意见》明确提出："'十二五'时期，加快建设省'十大文化产业园''十大文化产业基地'和规划建设一批市县文化产业园区、基地。"2012 年 4 月，省第十一次党代会报告再次明确提出"加快推进省'十大文化产业园''十大文化产业基地'建设。"省市州地和相关部门高度重视文化产业园区、基地建设，截至 2013 年底，建成投入使用 5 个，开工建设 13 个，已建成投入使用的有贵阳数字内容产业园、贵阳会展基地、六盘水会展基地、贵州（凯里）民族民间工艺品交易基地、黔西南民族文化产业园等 5 个产业园（基地）；13 个开工建设的园区（基地）中，贵州日报报业集团印务传媒研发基地、中国（遵义）酒文化产业园、中国（遵义）长征文化博览园、遵义会展基地、毕节大方古彝文化产业园、多彩贵州城、贵州广电家有购物集团电子商务文化产业基地等 7 个园区（基地）进展较好，贵州文化出版产业园正加快建设，中国（凯里）民族文化产业园、贵州（贵阳）民族民间工艺品交易基地、黔中国际屯堡文化生态园、贵阳阳明文化产业园、铜仁玉屏箫笛研发生产基地等 5 个园区（基地）正处于编制规划或提升规划过程中，平塘国际射电天文科普文化园、贵州文化广场、贵州现代文化创意与数字出版产业基地等 3 个园区（基地）正在进行土地落实、规划编制等前期工作。（详见表 5 -1 与表 5 -2）

表5-1　贵州省"十大文化产业园"进展情况（截至2013年8月）

序号	项目名称	责任单位	实施主体	规划面积	投资规模	建设地点	建设内容	具体进展	存在的主要问题
1	贵州文化出版产业园	省新闻出版局	贵州出版集团公司	规划占地面积230亩	8亿元	沙文生态科技产业园青山路	建设以印刷复制、包装制品生产为核心，出版发行版权贸易为主线，物流配送为基础，设计、新媒体开发，科研、人才培养，产品检验，物资供应为支撑的产业园区。	2013年2月项目地块成功摘牌。目前，正积极开展规划、建设、施工，环评等许可证办理、土地红线测绘等工作。	1. 规划未报省文改文产办； 2. 拆迁补偿未到位，导致项目无法开工。
2	贵阳数字内容产业园	贵阳市委市政府	白云区数字内容产业园管理办公室	建筑面积2.2万平方米	4.7亿元	贵阳市白云区白云南路115号	建设以动漫为主导，集网络游戏制作，计算机软件开发及衍生产品设计开发为一体的专业园区。	已建成。入驻27家企业，主要为动漫及软件企业，2012年产值5.15亿元。	1. 园区管理运营主体不规范； 2. 对园区未来扩容发展的思路需要尽快明确。
3	贵阳阳明文化产业园	贵阳市委市政府	贵州旅游投资有限公司	规划占地约800亩	67.2亿元	修文县龙场镇	建设以阳明文化为主题，集休闲度假、修心养身，教育培训等为一体的文化旅游综合体。	完成房屋及土地附着物测量及评估，完成84栋房屋土地摘牌，签约54栋，拆除1112座坟墓，迁葬安置房规划获批，正在进行单体设计。	规划未按深度策划要求进行提升。
4	中国（遵义）长征文化博览园	遵义市委市政府	遵义红色旅游（集团）有限公司	规划占地3500亩至6000亩	150亿元	红花岗区忠庄镇	含长征文化园、长征实景体验中心、长征文化村、长征商务会省中心、浙大西迁文化城、长征文化创意城、长征文化购物城等。	投资主体变更为遵义红旅集团，正在进行规划调整，编制等工作。	因投资主体变动，工作前期间延长。

续表

序号	项目名称	责任单位	实施主体	规划面积	投资规模	建设地点	建设内容	具体进展	存在的主要问题
5	中国（遵义）酒文化产业园	仁怀市委市政府	茅台古镇文化产业园管委会	21.6平方公里	256.89亿元	仁怀市茅台镇	茅台国酒文化展示体验区。	茅台旅游综合体项目规划正在编制，完成路网、水电、酒店、购物等部分基础设施建设。	用其他规划代替文化产业园区规划，需要对园区的称谓、选址、规划等进行明确。
6	黔中国际屯堡文化生态园	安顺市委市政府	云南房产开发公司；贵州大名房产开发公司	规划范围为西秀区、平坝县、普定县	67亿元	西秀区七眼桥两所屯、邦家屯、平坝县天龙镇天龙村	建设集屯堡文化研究、展示、体验、游览等为一体的文化旅游综合体。	黄果树苗岭屯堡文化城完成土地征用，开工建设，"悦道"屯堡文化旅游休闲度假示范区进入征地阶段，项目指挥部进场，天龙屯堡大明城完成征地80亩，部分单元进入施工。	规划编制滞后。
7	中国（凯里）民族文化产业园	黔东南州委州政府	贵州犇牛文化产业公司，立昌集团公司，黔东南苗侗文化旅游公司	选址于凯麻新城范围内，占地约36平方公里	40.1亿元	凯里经济开发区下司镇	依托黔东南州丰富的苗族和侗族文化资源，打造以苗、侗文化为特色，集苗侗建筑、演艺、服饰、民族民间工艺、特色餐饮、民族节庆等为一体的文化旅游综合体。	下司古镇综合体完成样板房建设，正在进行拆除建筑等工作；下司文化综合规划和立项、概念性规划和招拍挂程序；立昌动漫园已生产样品，东方斗牛城完成可行性研究报告，正在修改。	总体规划未上报，项目进展缓慢，总体进程很不平衡。

续表

序号	项目名称	责任单位	实施主体	规划面积	投资规模	建设地点	建设内容	具体进展	存在的主要问题
8	毕节大方古彝文化产业园	毕节市委市政府	云南十四冶集团	前期建设面积600亩	70亿元	大方县大方镇	建设集古彝建筑、演艺、绘画、古迹、漆器等为一体的文化旅游综合体。	已开工建设，完成宣慰府恢复重建、奢香博物馆提升、顺德街步行街打造、斗姥阁恢复重建、彝族风情街改造等工程。	文化顶层设计欠缺。
9	黔南平塘国际射电天文科普文化园	黔南州委州政府	待定	待定	待定	平塘县克度镇	依托国际射电天文望远镜项目，依托文化以喀斯特地貌和布依文化为特色，集天文科普文化体验、观光、教育、旅游等为一体的文化旅游综合体。	完成射电望远镜项目贵州省配套设施建设总体规划，正在进行科普文化园规划邀标工作，同时启动了土地收储等工作。	规划编制工作需要加快，招商工作滞后。
10	黔西南民族文化产业园	黔西南州委州政府	兴义市金山新区房地产开发总公司	占地159亩	6亿元	兴义市峡谷大道	建设集民族民间工艺、特色餐饮、民族节庆等为一体的文化旅游综合体。	建立创业孵化园，30余家文化企业入驻，试行减除房租、水电费等优惠政策。	集聚人气缺乏有效措施，公共服务平台搭建欠缺。

表 5-2 贵州省"十大文化产业基地"进展情况（截至 2013 年 8 月）

序号	项目名称	责任单位	实施主体	规划面积	投资规模	建设地点	建设内容	具体进展	存在的主要问题
1	多彩贵州城	省旅游局	贵州多彩贵州城建设经营公司	一期占地2022亩	260亿元	贵阳市龙洞堡新城核心区	节庆街、展示中心、和谐广场、秀场、文化创意产业园、温泉酒店、主题公园等。	展示中心、节庆街、土电影创意文化园等项目已开工，民族文化主题公园、餐饮商务区等正在进行规划设计。	文化定位不清晰、不明确。
2	贵州文化广场	省文化厅	中天城投集团股份有限公司	建筑面积约200万平方米	300亿元	人民剧场地块、河滨剧场地块、朝阳影剧院地块	文化演艺中心、文化商务酒店、文化商贸中心、文化创意SOHO等。	正在争取将贵州文化广场项目纳入"省100个城市综合体"和"市棚户区改造"项目。推进贵州文化广场项目土地"招拍挂"各项准备工作，重点做好拆迁摸底、房屋征迁、设计方案优化和美化等工作。正在与贵州技术装备管理中心沟通协调，督促两家单位尽快移交项目所涉用地。	土地拆迁、征地补偿等工作进展缓慢。
3	贵州日报报业集团印务传媒研发基地	贵州日报报业集团	贵州建工第一集团第一建筑公司	建筑面积6.7788万平方米	1.8亿元	贵阳市乌当区	数字彩色报纸印刷生产线、数字商务印刷生产线；报刊分发集散基地；媒介研发及附属设施。	媒介研发部分继续土建施工，剩余工程招标工作全面启动。已经发布空调、电梯、游泳池采购及安装招标公告。	地方服务未按承诺落实到位。

续表

序号	项目名称	责任单位	实施主体	规划面积	投资规模	建设地点	建设内容	具体进展	存在的主要问题
4	贵州现代文化创意与数字出版产业基地	省新闻出版局	十方控股有限公司	待定	20亿元	选址尚未落实	建设以创意设计和数字出版技术研发为主、集数字出版和艺术设计为一体的文化产业综合体。	投资方十方控股公司正在与贵安新区商筹、协调项目重新选址。	项目选址未落实。
5	贵州广电家有集团电子商务和物流文化产业基地	省广播电影电视局	贵州家有缤纷商贸有限公司	建筑面积约17.5万平方米	4.4亿元	贵阳市白云沙文生态科技产业园	建设集产品研发、设计、制作、展示、体验、销售和物流功能于一体的现代化电子商务基地。	完成项目立项、土地摘牌，开始场平土石方工续，正在完善相关手续。修建性详细规划已完成，并报贵阳市城乡规划局高新分局审批，另环保、节能、消防等设计及审批已按照计划开展。	项目土地涉及林地部分产权未明确。
6	贵阳会展基地(贵阳国际会议展览中心)	贵阳市委市政府	中天城投集团	建筑面积约28万平方米	56亿元	贵阳市金阳新区迎宾路	建设集会议、展览、休闲避暑于一体的文化产业基地。	已建成。	综合配套服务有欠缺，策展能力有待提升。
7	遵义会展基地	遵义市委市政府	遵义实地房地产开发有限公司	规划占地565亩	8.5亿元	遵义市新蒲新区中心地段	建设以会展为主题，集红色文化教育、培训、休闲度假于一体的文化产业基地。	会展部分正在进行平场工作，商住和酒店部分正在进行桩工程，商住楼孔桩完成11栋。	规划未上报。

续表

序号	项目名称	责任单位	实施主体	规划面积	投资规模	建设地点	建设内容	具体进展	存在的主要问题
8	六盘水会展基地	六盘水市委市政府	六盘水中建地产有限公司	建筑面积约6.2万平方米	4亿元	红桥新区中央商务区	建设以会展为主题，集红色文化教育、培训、休闲度假于一体的文化休闲产业基地。	已建成，投入使用，成功举办"首届中国凉都六盘水休闲产业博览会"。	运营管理主体未明确，会展专业人才缺乏。
9	铜仁玉屏箫笛研发生产基地	铜仁市委市政府	贵州必登高资管理公司、重庆荣庭房地产开发公司	规划占地110亩	2.2亿元	玉屏县必登高创意产业园、茅坪新区	建设集箫笛原材料生产、箫笛研发、设计制作、演奏表演于一体的玉屏箫笛文化产业主题公园。	10000平方米的生产厂房已完工，完成了车间线路施工，现正对厂区进行平整。主题公园正在进行规划提升。	主题公园部分规划提升进展较慢。
10	贵州（贵阳）民族民间工艺交易品基地	省经信委	贵州联鑫投资有限公司	300亩	15亿元	平坝县夏云工业园龙腾路1号	贵州省旅游产品加工交易及贵州特产交易市场和小微企业标准化厂房。	正在办理土地证和详细规划编制，项目已准备开工。	尚未完成规划编制。
11	贵州（凯里）民族民间工艺交易品基地	黔东南州委州政府、凯里市委市政府	凯里市委市政府	规划占地600亩	12亿元	凯里市14号路	建成黔东南银饰、刺绣等特色民族民间工艺品的研发、生产、展示和交易基地。	基地建设已基本完成，248家企业和商户入驻，成功举办"一节两会"，成立文化旅游投资公司进行运营管理。	公共服务平台建设较为滞后，产业配套有待完善。

注：产业基地已超过10家。

按照《贵州"十二五"国民经济和社会发展规划纲要》提出的"壮大文化企业孵化平台、促进全省文化产业集聚发展，有效提高全省文化产业的规模化、专业化和集约化水平"目标，全省上下着力夯实文化产业集聚发展的载体和平台。截至 2015 年底，全省 21 个十大文化产业园区、基地建设项目总体进展顺利，其中 9 个已建成投入使用，余下 12 个正在规划建设之中。

二、贵州省文化产业园区（基地）发展中存在的问题

从国内文化产业园区、基地发展的实践看，园区、基地已成为文化产业发展动力来源和强力引擎。深圳常被认为文化资源不多、文化底蕴不足，发展文化产业没有优势，但是近十年来，深圳文化产业蓬勃发展，走在了全国前列。除了政府的有力引导和推动，还有一个重要原因就是采取了行业集聚、空间集中的发展策略，培育建设了一批具有一定规模和影响力，能起到示范效应和产业拉动作用的文化创意产业园区、基地。据不完全统计，深圳市级及以上的文化产业园区、基地达到 54 个（其中国家级 12 个），园区、基地入驻企业超过 1 万家，年营业收入超过 600 亿元。湖南一个长沙天心文化产业园区，2013 年就实现总产值 212 亿元、增加值 77.4 亿元，集聚了各类文化企业 1700 家，其中规模以上文化企业 45 家。

贵州省在文化产业园区（基地）建设过程中，立足实际，按照园区（基地）专业化、差异化、特色化标准，坚持文化产业规模化、专业化、集约化发展之路，但由于经济水平低、城乡居民文化消费水平不高、文化资源丰富但相对分散，文化产业发展起步晚、发展水平相对滞后。所以，省"十大文化产业园""十大文化产业基地"建设起步晚、规模小、数量少，集聚的企业不多、规模效应不强，与周边省份差距较大。虽然近几年省委、省政府对文化产业园区（基地）建设决心强、力度大，但由于诸多原因，也面临着许多的困难和问题。一是建设文化产业园区（基地）进度

不快。尽管从总体上来看，省"十大文化产业园"和"文化产业基地"推进较好，但进度仍需加快，正式建成的园区（基地）还不够多，投入运营的园区（基地）发挥的效果还不够明显，尤其是还有 3 个园区（基地）尚未正式开工建设，进度明显滞后。二是产业功能不强。有的建成运营的园区（基地）引进的一些文化企业之间无明显的上下游关系，没有形成较强的文化产业链条，多数企业单兵作战，缺乏抱团作战的意识，难以形成规模经济。三是特色挖掘不够。文化产业园区（基地）项目不同于其他项目，不认真研究依托的文化资源、深入挖掘其中的文化内涵、打造独具魅力的文化品牌，就将沦为一般的商业项目，失去核心竞争力，失去文化特有魅力。四是配套措施不完善。园区（基地）在建设初期，硬件配套还不尽完善，软件和服务也还不够到位，这也严重限制了园区（基地）作用的发挥，在提升规模化、集约化、专业化运作水平上还需要下大功夫。

贵州省一些引入民营资本建设的文化产业园区（基地）或者文化旅游项目，如时光贵州、水西古城、多彩万象城、大明边城等，建设速度都非常快，发展势头非常好，对于省"十大文化产业园""十大文化产业基地"可谓"前有标兵、后有追兵"，如果不能加快建成投入使用，尽早发挥集聚带动、示范引领作用，差距将越来越大，省级文化产业园区（基地）也将失去在全省做标杆、做示范的意义。

三、加快文化产业集聚发展步伐

（一）突出扶持重点文化产业园区和项目建设

对省级重点文化工程项目，给予土地配置和土地出让优惠政策。重点文化工程建设应交的各项税费比照省重点建设项目的相关政策予以减免。各级政府根据具体情况安排一定项目经费，金融部门增加信贷投入。政府及各有关部门要在立项、报建、用地手续及配套建设、业务等方面给予大力支持，并依法保护项目业主的合法权益。

（二）立足资源优势，突出园区（基地）特色

丰富的民族资源、红色资源、生态资源是贵州的优势，要立足资源优势，突出园区（基地）特色，促进文化旅游融合发展的园区（基地）发展，如多彩贵州城、阳明文化、长征文化、屯堡文化、古彝文化、酒文化等方面的园区（基地），要把握和处理好文化与旅游、"灵魂"与"载体"、"内容"与"渠道"之间的关系。必须要注重策划，依托景点的文化资源，以游客市场为导向，以差异性体验为根本，做好文化的顶层设计，为旅游"吃住行游购娱"各个环节注入文化元素。结合文化旅游发展创新区建设，整体提升贵州文化旅游产业的竞争力和影响力。

（三）以服务企业为核心，完善公共服务平台

积极利用国家政策支撑、公共服务、投资融资等服务平台，同时也要健全完善省级文化产业服务平台。要让企业"进得来、稳得住、能发展"，除了制定租金、装修、水电、人才引进等方面扶持政策外，搭建融资、市场营销、创意设计、公共技术等方面的公共服务平台也非常关键。搭建公共服务平台，其目的就是要推动园区集约发展，为入驻企业节约成本，促进企业快速发展壮大。在园区（基地）的管理营运上，尤其要重视造就一支高素质的文化产业经营管理人才队伍，同时也要造就一支懂销售、懂行情、懂法规的营销队伍，来提升文化产业园区（基地）的管理营运水平。

（四）以集聚为重点，大力发挥示范带动作用

由于贵州省文化资源尤其是民族文化资源丰富但分布相对较散，导致全省中小微文化企业集中度也相对较低，比如在我们的工艺品生产领域，公司企业上千家，个体户上万家，但由于缺乏集聚、缺乏资源共享，始终难以形成气候、做不大做不强，在省内外的影响力竞争力不足。对此，就

要通过推动园区（基地）建设，配套完善公共服务平台，将这些分散的文化企业聚集起来，推动文化企业在创意设计、创作生产、人才技术、信息资金等方面实现优势互补，打通产业链条，降低生产成本。同时，作为文化产业加速器的会展基地，要在加大对企业孵化培育的基础上，通过举办各类展会吸引企业入展，吸引买家观展，促进交易，推动文化产业提速增效。专业型的基地，要加快完善产业链条，文化产业的链条越长、越完善，专业化分工就越发达，衍生的企业就越多，规模效应和竞争力就越强，就越能发挥示范带动作用。

（五）加大投融资力度

强化财税扶持力度。加大地方财政支持力度，制定相应财政管理办法，设立开发专项资金，专项用于园区与基地的基础设施建设、重点项目推进以及各种奖励政策等；发挥税收优惠政策效应，用足用好自主创新优惠政策，抓好企业科研创新经费、高新技术企业、高层次人才配套科研经费等方面的优惠政策的贯彻落实。构建完善投资融资体系，加快搭建融资平台和担保体系，鼓励上市公司、民间资本设立风险投资公司，引进海外风险投资机构；加强与政策性银行、商业银行的沟通，推进企业评价和信用担保体系建设，加强"银、企、保"合作机制，改善中小企业融资环境。拓宽投融资渠道，积极探索和运用 BT、BOT、TOT 等投融资模式，引导社会力量参与园区与基地的基础设施和公共事业建设。

第三节　文化产业与其他产业融合发展路径研究

2014 年国发 10 号文件《国务院关于推进文化创意和设计服务与相关产业融合发展的若干意见》指出："随着我国新型工业化、信息化、城镇化和农业现代化进程的加快，文化创意和设计服务已贯穿在经济社会各领域各行业，呈现出多向交互融合态势。文化创意和设计服务具有高知识性、高增值性和低能耗、低污染等特征。推进文化创意和设计服务等新型、高端服务业发展，促进与实体经济深度融合，是培育国民经济新的增长点、提升国家文化软实力和产业竞争力的重大举措，是发展创新型经济、促进经济结构调整和发展方式转变、加快实现由'中国制造'向'中国创造'转变的内在要求，是促进产品和服务创新、催生新兴业态、带动就业、满足多样化消费需求、提高人民生活质量的重要途径"。根据贵州省的产业发展条件，笔者认为文化产业与科技、旅游融合发展是当前主要任务。

一、文化产业与主要产业融合情况

（一）文化创意产业

2011 年，贵州省人民政府出台了"动漫、网络游戏创制出版管理办法"，使贵州文化创意产业在原有基础上得到了进一步发展。至 2011 年末，贵州省有动漫企业 30 家。总体上看，贵州文化创意产业发展有以下特点：一是文化创意产业质量不断提高。在北京举办的第六届中国国际设计艺术博览会上，贵州省民营企业贵州天海规划设计有限公司两件参评作品《贵州博物馆创意设计方案》《云南丘北城市规划项目》获得国际环境艺术创新设计华鼎奖规划方案类二等奖，作品中民族符号与时尚元素结合得体，很好地宣传了贵州的规划设计和民族文化。二是一批文化创意项目建设稳步推进。如黔东南州签约的凯里经济开发区立昌民族动漫项目，总投资1.2 亿元，项目建设内容涉及动画节目策划、动画制作、动漫衍生产品、动漫旅游产品策划、动漫软件、动漫游戏音像制品等研发、生产、销售，项目分为二期建设，建成后能够提供 500 个以上就业岗位。另外，安顺市组织研发了贵州省第一部4D影片《石龙绝恋》，影片站在发展安顺生态旅游的高度，深度挖掘关岭地区三叠纪古海洋生物化石群的人文价值，力图通过三维建模和 4D 影片效果，让观众产生身临其境的感受，实现了文化、科技、旅游的融合。三是通过连续举办亚洲青年动漫大赛打造贵州特色动漫产业。亚青赛是目前国内乃至亚太国家和地区唯一举办的以青年为主题的国际动漫赛事，是中国三大国际动漫赛事之一，被誉为中国目前专业化程度最高、国际影响力最大、内容覆盖面最广的国家赛事。2011 年第五届亚青赛组委会收到了来自国内外的参展参赛动画 1510 部，漫画、插画作品 12110 余件，国外、国内参展参赛作品共计 13600 余件。该届亚青赛的活动内容包括颁奖典礼、优秀作品展、动漫嘉年华、衍生产品展、全国电子竞技联赛、俄罗斯主题动漫日活动、动漫主题晚会、动漫高峰论坛、国际版权交易及经贸洽谈会、COSPLAY 大赛等活动。亚青赛特展占地面积超过 7000 平方米，展示了包括南非、伊朗、印度、英国、西班牙、巴西等 71 个国家和地区超过 1200 幅（部）动漫作品。来自世界 30 多个国家和地区的 200 名专家和艺术大师齐聚贵阳，对动漫业的未来进行了展望，凸显了动漫产业发展的强劲势头。其中，俄罗斯动漫主题日活动首次在中国开展，全方位多角度地展示了俄罗斯动漫近年来动漫无边际产业的发展态势；贵州熠动漫公司《侗寨寻歌》获得大赛最佳剧本创意奖动画类作品奖。

（二）文化旅游业

省委、省政府高度重视旅游业发展，近年来制定出台了一系列加快旅游业发展的政策措施，成功举办十届旅游产业发展大会，狠抓旅游基础设施建设，强化旅游宣传促销，全省旅游行业紧紧围绕把旅游业培育成为国民经济的重要战略支柱产业和人民群众更加满意的现代服务业目标，抢抓发展机遇，狠抓工作落实，努力开拓创新，旅游业保持了持续健康快速发展的良好态势。2010 年文化旅游总收入 112.21 亿元占文化产业总收入 321.65 亿元的近 35%，2011 年达到 170 亿元，占文化产业总收入 393.39 亿元的近 40%。2012 年后，文化产业统计发生变化，不再反映文化旅游业指标（2015 年以文化旅游业为主要支撑的文化休闲娱乐业实现增加值

111.42 亿元，占全省 GDP 的比重为 1.06%，比上年上升 0.14 个百分点）。
2014 年，全省旅游业共实现增加值 780 亿元，接待游客 3.21 亿人次，同
比增长 20.08%；旅游接待总收入 2895.98 亿元，同比增长 22.16%。2014
年，全省旅游行业旅游景气指数增加 2.03 个点，上升到 107.77。2015 年
前三季度，全省旅游总人数达 3.01 亿人次，同比增长 18.0%；实现旅游
总收入 2785.32 亿元，同比增长 22.2%。2014 年，全省旅游业共实现增加
值 780 亿元，占 GDP 比重提高至 8.7%，占服务业增加值比重增至 18% 左
右，旅游业对财政收入的贡献率达 10.5% 左右，旅游支柱产业地位进一步
强化。2015 年，全省接待游客可实现 3.6 亿人次左右，旅游总收入可达
3500 亿元左右，分别是 2010 年的 2.79 倍和 3.3 倍，旅游业主要指标综合
排位列全国 15 位，实现旅游大省的阶段性发展目标。2013 年实施 "100 个
旅游景区建设工程" 以来，全省 "100 个旅游景区" 累计签约建设项目
477 个，签约金额 2063.09 亿元，到位资金 622.95 亿元，完成投资 689.71
亿元，建成旅游项目 2018 个。2014 年，100 个旅游景区在建项目 1091 个，
全年完成投资 231.19 亿元，完成年度计划的 115.60%，全年签约项目 148
个，累计到位资金 213.01 亿元。2015 年前三季度，100 个旅游景区在建项
目 927 个，完成投资 234.95 亿元。完成创建国家 4A 级旅游景区 14 家，梵
净山、荔波景区通过国家 5A 级景区景观质量等级评定，贵州省 4A 级以上
旅游景区增至 50 家，同比增长 38.88%。

（三）文化与旅游融合发展初现

目前贵州省 21 个园区（基地）中，民族文化、阳明文化、长征文化、
屯堡文化等多达 14 个项目是文化旅游融合发展类型，它依托文化资源禀赋，
挖掘延伸提炼山水文化、民族文化、红色文化、阳明文化等资源优势，打造
文化产业园区、基地，是符合贵州实际，建设文化旅游发展创新区的一条重
要途径。例如，中国（遵义）长征文化博览园，已投资 3.25 亿元，完成规
划编制，完成集散中心和纪念广场拆迁，正在进行场平。毕节大方古彝文化

产业园已投资 4.7 亿元，西城门片区完成门楼、广场、步行街等主体，进入最后完善阶段。顺德广场综合体 A 区主体工程进入封顶。古城三期项目完成项目用地勘界、报批等工作。多彩贵州城已投资 32.7 亿元，已建成贵州文化旅游展示中心、1958 创意产业园、黔文化交流中心、节庆街、极地海洋世界、温泉水公园等项目。东方科幻谷等大项目正在建设中。

二、文化产业与其他产业融合发展存在的问题

贵州省文化产业与其他产业融合发展存在的主要问题是文化产业资源利用程度、整合程度不高。贵州文化产业资源丰富，以非物质文化遗产为例，全省现有人类非物质文化遗产名录 1 项，国家级非物质文化遗产名录74 项 125 处，省级非物质文化遗产名录 440 处，但是对非物质文化遗产的利用程度不高，全省拥有各类景区 474 处，但是不少景区对文化的挖掘整理不够。文化产业与相关产业的融合发展程度还不高，还没有与旅游、餐饮、建筑、制造等产业深度融合发展。另外全省多年坚持开展的"多彩贵州"旅游商品设计大赛、能工巧匠选拔大赛及旅游商品展销大会以及"多彩贵州"系列文化主题活动的成果还没有在产业化利用上发挥作用，特别是文化旅游商品的展销平台还未完全建立，不能较好发挥省内省外两个市场的作用。

三、文化产业与其他产业融合发展路径

（一）加快推进文化产业与科技对接融合

科技是企业的强大生命力，文化产业要"走出去"参与国际市场竞争，必须具有较高的科技含量。要拓展文化产业的"空间链、产业链和价值链"、突破空间局限、延长产业链、创造更多的衍生产品、深度挖掘价值链、追求和实现高附加值，就必须发展科技并与文化产业有机结合，增加文化产品的科技含量。文化与科技融合才能产生文化创意产业。

（二）推进文化创意和设计服务与相关产业融合

一是加强创意、设计知识产权保护，健全激励机制，推进产学研用结合，活跃知识产权交易，为保护和鼓励创新、更好实现创意和设计成果价值营造良好环境。二是实施文化创意和设计服务人才扶持计划，支持学历教育与职业培训并举、创意设计与经营管理结合的人才培养新模式，让更多人才脱颖而出。三是以市场为主导，鼓励创意、设计类中小微企业成长，引导民间资本投资文化创意、设计服务领域，设立创意中心、设计中心。四是突出绿色和节能环保导向，通过完善标准、加大政府采购力度等方式加强引导，推动更多绿色、节能环保的创意设计转化为产品。五是完善相关扶持政策和金融服务，用好文化产业发展专项资金，促进文化创意和设计服务蓬勃发展。

（三）推动文化旅游业与大数据深度融合

依托"云上贵州·智慧旅游云"和国家旅游数据（灾备）中心，着力打造贵州智慧旅游城市、旅游景区、旅游企业建设，建立旅游与涉旅部门数据共享、互联互通机制，提升全省旅游业发展信息化水平，加快旅游集散地、机场、车站、景区、宾馆饭店、乡村旅游扶贫村等重点涉旅场所的无线网络全覆盖。探索和深入挖掘大数据在智慧旅游建设中的公共性能和商业应用，建立涵盖旅游产品推广、个性化服务预订、产品预售结算、实时信息查询、旅游车辆调度、讲解导览等线上和线下相结合的一站式"旅行服务"平台，形成旅游发展新的动力源，培育旅游经济新的增长点，从战略、理念和技术层面提升旅游业现代化水平。

（四）加快推进文化产业与其他产业的融合

文化产业与其他产业具有共生性、融合性，文化与其他产业的融合既能提升产业的经济效益，又能彰显文化的社会效应。具体做法：一是激活处于沉睡状态的文化资源。根据贵州省文化资源的优势，着眼于当前和未来的消费特点，面向国际国内市场，发展不同层次、不同形式的文化产品，把文化资源转换为文化产品。比如，把侗族大歌、奢香夫人等文化资源转换成不同形式的具有贵州特色的文化产品。二是通过打下文化的烙印来提升产品价值。比如，六盘水的农民画内容丰富活泼、色彩大胆独特，在全国多次获奖。可以通过产品文化化，把六盘水的农民画作为围巾、服装的图案；可以动漫故事为主题设计全套儿童房间布置，推动家具制造业进展等。通过本土元素大胆创新、设计出口产品包装，等等。

第四节　文化产业"走出去"路径研究

一、贵州文化产业"走出去"现状及特点

（一）文化产品出口总值小，对文化产业的贡献较弱

虽然贵州省文化产业具有一定的规模，但其出口总值偏小。贵州文化产业开始尝试"走出去"，但是面还不广，层次不深，据贵州省商务局统计，2010 年贵州文化产品出口总值 45 万美元，以 1 美元兑换 6.5 元人民币计算，合人民币 292.5 万元。据贵阳海关统计，2011 年贵州省文化产品进出口总值 137 万美元，同比增长 179.6%。其中，出口总值 134 万美元，同比增长 175.6%；进口总值 3 万美元，同比增长 102.7%，以 1 美元兑换 6.5 元人民币计算，出口总值 2011 年为 871 万元人民币。而根据推算，预计 2011 年文化产业总收入将达到 400 亿元人民币以上。可见，2010 年、2011 年出口总值占当年文化产业总收入的比重微乎其微。

（二）境外游客走进来潜力大

至 2011 年末，贵州旅游总人数 17019.36 万人次，比 2010 年增长

31.8%，其中国内旅游人数 16960.85 万人次，增长 31.9%；旅游总收入 1429.48 亿元，比 2010 年增长 34.7%，其中国内旅游收入 1420.70 亿元，增长 35.0%。2011 年接待境外游客 58.51 万人次，收入 8.78 亿元。随着贵州进一步加大旅游投入，境外游客到贵州旅游人次将不断增多。

二、贵州文化产业"走出去"存在的问题

（一）缺乏文化产品的产业化、市场化意识

贵州是内陆省份，自古以来较为封闭，外来文化特别是世界文化对其冲击不大，文化企业缺乏世界市场观念，没有世界受众意识，只满足内部市场，对于一个省甚至一个国家相对企业来说，再大的市场相对国际市场来讲，都是小市场，要想文化企业全面和可持续发展，没有世界市场的支撑，难以走远。贵州大的文化产业公司基本上都是国有公司，甚至是全省垄断企业，比如新闻出版、版权、广播、电视、广电网络公司等，由于一些原因，它不可能冒险去"闯江湖"；而一些诸如工艺品制作小公司，对世界市场缺乏了解，走出去的成本又"太高"。贵州老干妈企业"走出去"的成功例子应该给贵州文化企业以启示，不能坐等别人来欣赏、购买，应该主动出击。总的来说，贵州是欠发达、欠开发和欠开放地区，长期较为封闭，加上文化产业在全国起步较晚，存在着诸多问题，如产业基础薄弱，结构不合理，观念落后，区位偏僻，科技含量低，资金匮乏，具有创意并且熟悉国际市场与市场营销战略人才极其匮乏等，文化产业难以走出去是其中一大困难。其次，贵州文化产品科技含量低，缺乏观赏性、娱乐性、知识性，难以赢得世界认同。尽管贵州近年推出一些在国内黄金时段播放的影视作品，但缺乏创意，很快就被市场忽略，影响力有限。

（二）文化产业"走出去"的层次较低、影响力较弱

一般来说，文化产业"走出去"有文化产品"走出去"、版权"走出

去"、资本"走出去"三个层次,"走出去"的最高层次为"资本走出去"。贵州省文化产业"走出去"还停留在第一个层次,主要是以传统民族工艺品为主,如苗绣、银饰等;而版权、动漫、文化资本基本上处于空白。文化产业"走出去"的层次较低、影响力较弱,尚处在学步阶段。

三、贵州文化产业"走出去"的条件和机遇

(一) 良好的经济社会发展环境

贵州总体经济积极发展的态势为文化产业提供了良好的发展环境。2011 年是"十二五"开局之年,2012 年是提速发展期,贵州省委、省政府提出工业强省、城镇化带动战略并制定贵州总体经济发展要高于历史、高于西部平均水平、高于全国平均水平"三高"目标。贵州经济发展速度在"十二五"期间将以 12.5% 高增长速度发展,贵州经济总量将快速提升,经济结构将得到积极调整,居民收入将有较大提高。文化产业在 GDP 的比重也将快速上升,贵州"十二五"文化产业发展规划提出的十大文化产业、八大工程将顺利实施。城镇化带动战略快速推进,城镇人口快速增长,居民教育文化娱乐消费总量将会较大增长,为文化产业提供了良好的发展环境。文化产业是新兴的朝阳产业,同时也是高端产业,只有经济发展到一定程度,文化产业才能迅速发展壮大,文化产业才能更好地"走出去"。

(二) 不断改善的文化产业融资引资环境

贵州省文化产业发展专项资金由 2010 年的 2000 万元增加到 2011 年的 5000 万元,2012 年将继续加大对文化企业的扶持力度。另外,贵州省相关文化产业主管部门还与有关商业银行签署《支持文化产业发展战略合作协议》,在未来五年,重点支持符合《文化部文化产业投资指导目录》鼓励

类行业的优质企业；国家级、省级文化产业示范园区、基地；文化产业集聚区和重点文化项目建设等，支持文化企业"走出去"，全面提升全省文化产业的竞争力。同时，将优先给予融资支持发展潜力大、市场前景好，且有融资需求的中小型文化企业和项目。

（三）"走出去"的产业禀赋

1. 民族工艺美术业

贵州著名的民族工艺主要有：贵州安顺、镇宁、黄平、丹寨、织金等地的蜡染，三都马尾绣，贵阳花溪、乌当等地的挑花，台江、凯里的苗绣，黎平的侗锦，镇宁的布依锦，独山的缎贴绣，大方的漆器，玉屏的箫笛，遵义的棕竹手仗，平塘的牙舟陶器，织金的砂器，岑巩的思州石砚，赤水、榕江的竹制品，三穗的竹编，荔波、沿河的竹凉席，从江的民族竹编器具，思南的棕编，桐梓、湄潭、都匀的藤编，安顺地戏傩戏面具，贵阳彩扎等，均各具特色。其中最著名的是大方漆器、思州石砚、玉屏箫笛，俗称"贵州三宝"。苗绣、水族马尾绣、苗族蜡染技艺、玉屏箫笛制作技艺、苗族银饰锻制技艺、苗江千户苗寨吊脚楼营造技巧、苗族芦笙制作技艺被列入"国家非物质文化遗产"。

2. 广播电影电视业

2011 年 1 月至 10 月，贵州广播电视（不含电影）产业收入 22.3 亿元，预计全年收入 31 亿元；与 2010 年的 29.51 亿元相比，增长了 5%；比 2009 年的 16.74 亿元，增长了 85.2%；比 2008 年的 12.83 亿元，增长了 141.6%；比 2007 年的 10.46 亿元，增长了 196.4%。贵州省影视通过市场运作获得的投资高达 85% 以上，比全国高 25%。无论是电影还是电视剧，都在口碑和票房、收视上取得不错成绩。

首先，从电影制作来看，2011 年由贵州日报报业集团·黔森影视文化工作室、中国人民解放军八一电影制片厂、中共铜仁地委、铜仁地区行政公署、中共思南县委、思南县人民政府、中共蓬溪县委、蓬溪县人民政府、贵州天盛能源投资有限责任公司联合拍摄的数字电影《旷继勋蓬遂起义》在央视电影频道播出，这是央视电影频道《共和国名将》栏目首次播出贵州出品的电影，并获第 23 届全军电视剧金星奖电视电影二等奖。由贵州日报报业集团·黔森影视文化工作室出品的电影《幸存日》和《云下的日子》同日登陆全国各大院线，上映当天，两部影片在全国放映近 1000 场次，共放映了 12 天。其大胆首创的"双片互销模式"营销思路（即不同院线、影院在两部片子中选择其中一部上映），既节省了成本，也整合了宣传力量，不仅在业内引发了讨论，同时也吸引了《人民日报》《光明日报》、中央电视台等全国近 50 家媒体采访。由中影集团、贵州日报报业集团·虎子传媒、北京艾美思特影视文化有限公司联合出品的亲情励志影片《炫舞天鹅》，在美国洛杉矶第 16 届国际家庭电影节获得最佳外语片、最佳儿童片表演和最佳新人导演奖三项重量级奖项提名，并最终荣获"最佳新人导演大奖"。贵州本土的"大爱文化公司"新出品的展现海南黎族原生态黎歌的电影《黎歌》入围第 20 届金鸡百花电影节的"民族电影特展"和"国产新片展"两个单元。

其次，从电视剧生产来看，《奢香夫人》《和平村》《风雨梵净山》《青山绿水红日子》等影视剧 2011 年在中央电视台一套黄金时段、八套黄金时段和多家省级卫视黄金时段播映。尤其是我国第一部以彝族历史文化为题材的大型电视连续剧《奢香夫人》在央视综合频道黄金时段播出，取得了很好的反响。而在中央电视台第八套电视剧频道播出的长篇电视连续剧《青山绿水红日子》，以贵州遵义地区开创社会主义新农村建设的"四在农家"创建活动为蓝本创作，是首部反映中国西部新农村建设的电视剧。

再次，从电影放映来看，随着人民收入水平不断提高，贵州影院票房收入迅速增长。2011 达到 1.1 亿元，比 2010 年的 7700 万元增长了 42.9%，比 2009 年的 4900 万元增长了 124.5%。

最后，从发展态势看，贵州省"十二五"文化产业发展规划中的6部重点电视剧《伟大的转折》《二十四道拐》《磅礴乌蒙》《蓝色乌江》《大歌》《春晖》，也于2011年5月签约投拍，总集数就达176集，总投资金额达1.18亿元。贵州影视业作品激增，在全国甚至国外的影响力进一步扩大。

3. 新闻出版业

至2011年末，贵州省共出版全国性和省级报纸3.56亿份，杂志1301.77万份，图书9100.58万册，比2010年增长12.8%；新闻出版业资产总额达294.97亿元，主营业务收入219.65亿元，全行业产业增加值增长68亿元。其中：《重温马克思主义经典》丛书等5种图书入选"十二五"国家重点图书项目；贵州人民出版社出版的《中国贵州民族民间美术全集（共5卷）》分别荣获第二届中国出版政府奖的"图书奖"和"装帧设计奖提名奖"，当代贵州杂志社获第二届中国出版政府奖的"先进出版单位奖"，当代贵州杂志社社长赵宇飞获第二届中国出版政府奖的"优秀出版人物奖"。

4. 文化演艺业

至2011年末，贵州省共有文化艺术服务单位1692个，其中艺术表演团体50个，艺术表演场所7个。很多艺术表演团体"走出去"到境外进行多次文化交流，其中近年出访较多比较盛名的是多彩贵州艺术团和遵义杂技团。

（四）已有的文化品牌优势

至2011年，贵州省9个市、州均创立了自己的旅游文化品牌。贵阳市"爽爽的贵阳·中国避暑之都"、黔西南自治州的"山水长卷·水墨金州"、铜仁市的"梵天净土·桃源铜仁"、六盘水市的"中国凉都·六盘水"、安顺市的"壮美大瀑布·神秘屯堡"、遵义市的"会议之都·转折之城"等已在全国乃至世界享有盛誉，吸引了数以千万计的游客畅游多彩贵州。

另外在文化产业上，先后被评为"国家文化产业示范基地"的有：多彩贵州文化艺术有限公司、安顺兴伟文化发展有限公司、天龙旅游投资开发有限责任公司。被评为省级文化产业示范基地的有铜仁玉屏箫笛厂等，这些产业基地对推进全省文化产业的发展起到了较好龙头示范作用。特别是目前还在靠租用贵阳大剧院作为演出场地的多彩贵州文化艺术有限公司，其创作与经营的大型民族歌舞"多彩贵州风"，从2005年公演以来，创造了贵州演出市场前所未有的业绩，在海内外持续演出1700余场，观众逾150万人次，并得到中央和省领导的高度评价和国内外观众的广泛认可，近年，多彩贵州文化艺术有限公司被商务部、文化部、广电总局、新闻出版总署评为"国家文化出口重点企业"。2010年，"多彩贵州风"再攀高峰，荣登文化部、国家旅游局颁布的《国家文化旅游重点项目名录——旅游演出类》名录，成为宣传贵州省文化旅游的标志性品牌。与此同时，"多彩贵州风"还担当起贵州近年来的重大外宣演出任务，已经成为展示贵州美好形象的一张亮丽名片。经过多年运作和推动，"多彩贵州"文化品牌的运营越来越成熟，取得了一定的社会效益和经济效益，塑造了贵州形象，使贵州的知名度和美誉度得到一定提升，增强了文化自觉和文化自信。

四、文化产业"走出去"的国际市场路径

（一）文化演艺业

整合民族特色文化演艺，打造几台如"多彩贵州风"具有国际影响力的精品歌舞节目，融入世界文化演艺，积极加强与世界各国旅游名胜区合作，让贵州歌舞能在国际旅游名胜区驻场表演。建议先以侗族大歌与遵义杂技团先期试点。市场建议以欧美、日韩、东南亚、中国港澳台地区为主。

（二）文化旅游

加强旅游与文化深度融合，优先把黄果树风景区、荔波"中国南方喀斯特"风景区、黎族民族风情旅游打造成有国际影响力的精品旅游区，积极吸引国际游客。市场建议以欧美、日韩、中国港澳台游客为主。

（三）广播电影电视业

建议与国际著名电影电视厂商、导演、演员合作拍摄贵州题材影视作品投放国际市场，借助亚洲青年动漫大赛汇集优秀作品通过全世界能观看贵州卫视播放。

（四）新闻出版业

出版业方面积极与先进地区出版社、著名作者合作，推出一批精品海外版作品到国际市场销售与参展。建议报业方面可先创办半月、月报贵州海外版到东南亚国家试点发行。

（五）民族工艺美术品

利用现代工艺、现代设计加上世界各国的文化喜好制作出一批具有贵州元素的工艺品投放国际工艺品市场与旅游景点。如三都马尾绣、苗族刺绣、苗族银饰、玉屏箫笛、平塘陶瓷、思州砚台、大方漆器等。市场建议先以欧美、东南亚为主。

五、推动文化产业"走出去"的路径

（一）加大文化交流力度，全方位提高贵州文化企业对世界的认知

政府主导进行文化宣传及文化旅游推介的同时，应积极引导文化企业

参与对外交流，寻求贵州文化企业对世界的认知，具备世界市场观念和世界受众意识，增强"走出去"的动力。具体主要做法，一方面支持和鼓励文化企业走出去，加强对外协作和交流，争取与世界品牌文化企业合作生产文化产品，大力扶持具有创意潜能的文化企业设计人员到文化强国培训、学习他们的先进技术；另一方面，依托贵州特有的生态文化旅游资源优势，举办国际会展、国际文化节、国际文化及文化产业发展论坛、国际文化创意活动、国际文化产品博览会等多种形式活动，增进贵州文化企业与国际的交流。

（二）尽快编制《贵州文化产业"走出去"发展规划》

规划是指引，规划中要明确"走出去"的目标、步骤，评估能够"走出去"的文化资源产品，确立"走出去"的市场定位，谋划文化产品市场布局，创建出口型文化产业园区等具体方案，特别是要规划创建好出口型文化产业园区，在政策、资金上给予支持与优惠，大胆地探索创建文化创意产业免税区，以便贵州文化产业更好地分区域、分步骤、分重点地"走出去"。

（三）加快推进文化产业与科技对接融合

科技是企业的强大生命力，文化产业要"走出去"参与国际市场竞争，必须具有较高的科技含量，要拓展文化产业的"空间链、产业链和价值链"、突破空间局限、延长产业链、创造更多的衍生产品、深度挖掘价值链、追求和实现高附加值就必须发展科技并与文化产业有机结合，增加文化产品的科技含量。文化与科技融合才能产生文化创意产业。建议贵州省尽快制定对高科技文化企业发展的产业、财税优惠政策。

（四）加快推进文化产业与其他产业的融合

文化产业与其他产业具有共生性、融合性，文化与其他产业的融合既能提升产业的经济效益，又能彰显文化的社会效应。具体做法：一是激活处于沉睡状态的文化资源。根据贵州省文化资源的优势，着眼于当前和未来的消费特点，面向国际国内市场，发展不同层次、不同形式的文化产品，把文化资源转换为文化产品。比如，把侗族大歌、奢香夫人等文化资源转换成不同形式的具有贵州特色的文化产品。二是产品通过打下文化的烙印来提升价值。比如，六盘水的农民画内容丰富活泼、色彩大胆独特，在全国多次获奖。可以通过产品文化化，把六盘水的农民画作为围巾、服装的图案；可以动漫故事为主题设计全套儿童房间布置，推动家具制造业进展等。通过本土元素大胆创新、设计出口产品包装。

（五）加快推进贵州省文化企业与资本市场对接

由于贵州省文化企业普遍规模小，盈利能力较弱，以经营无形资产为主，缺乏可用于担保的固定资产；加上作为文化企业核心财富的文化创意及知识产权价值评估具有不确定性，文化项目和文化企业缺乏科学公正的评价机制，金融支持文化产业尚未达到规模化和成熟化，多数金融机构仍处于探索、尝试阶段，不可避免地会面临融资的难题。因此，拓展资本市场是突破文化产业资金短缺瓶颈的重要途径。目前，利用资本市场获得文化产业发展资金的条件已经形成，文化行业在进行文化产品生产、经营与服务的商业化、市场化、产业化进程中必须寻求与资本市场对接。建议贵州省借鉴北京经验，从以下三个方面加快实现文化产业与资本市场有机对接。

（1）尽快建立适应文化产业投资发展的投融资体系，加大文化产业的投资规模和扶持力度。建议贵州省及有关部门设立较大规模的"贵州文化产业发展基金""贵州文化产业创业投资基金""文化产业风险投资基金"，另外还可以采取其他有效方式，吸引更多社会资本参与文化产业发展，逐步建立多元化、社会化、公共化的投融资服务体系。

（2）加快文化企业上市融资的速度，鼓励利用资本市场融资。支持符合条件的文化企业到创业板上市，并探索建立宣传文化部门与证券监管部门的项目信息合作机制，加强适合于创业板市场的中小文化企业项目的筛选和储备。

（3）创新担保模式，精心打造"创意贷"品牌。银行针对文化创意企业有形资产少的特点，创新推出以版权质押作为核心质物，同时还接受传统担保、知识产权等无形资产担保、应收账款质押、未来收益权质押、法人无限连带责任、中小企业联保等组合担保方式，并结合影响企业特点设计多个影响项目打包贷款模式，针对优质的文化创意企业推行信用贷款方式等。

（六）着力培养一批有文化创意与熟悉国际市场与市场营销战略人才

文化产业是高端产业，文化产品必须具有创意才具有生命。文化产品的策划、生产、营销、创新要求从事文化产业的生产、管理、销售人员必须具备较高的综合素质。文化产品大多是无形产品，对人才的素质要求较高。文化产品的竞争，就是文化人才的竞争。具体主要做法为：（1）现有人才的培养，选拔一批具有潜能的民间工匠大师、文化创意设计制作人员、文化企业管理与营销人员，分类别到中国文化产业先进省市甚至到先进国家去系统学习信息技术、科技应用、文化产品贸易展销、创艺设计、文化企业营销管理等先进技术与经验。（2）后继人才的培养，一是要做好民间工艺的继承与发扬，用强有力的资金支持民间工艺大师传承技艺，培养传承人；二是在贵州有条件的大学开设文化产业相关学科，造就一批文化产业专业人才队伍。

（七）尽快出台支持贵州文化企业"走出去"的优惠政策

发达省市越来越重视促进文化创意产业和文化贸易发展，比如北京市出台的扶持政策就达 20 多个，积极推动以世博会、文博会为窗口，"魅力首都"的形象被推向世界，文化产业"走出去"的形势良好。建议贵州省委、省政府参照发达国家与发达地区扶持外向型文化企业的好做法，尽快出台对贵州省外向型文化企业在财政贴息、项目扶持、出口退税等方面的优惠政策，增强贵州文化企业"走出去"的积极性。

第六章

贵州省文化产业发展对策建议

一、创新文化产业管理制度

促进部分地区加快体制改革，增强文化产业发展活力。文化产业管理制度改革与政府职能转变、政企分开存在一定关联。尽早实现经营权与管理权分离，政府从以往直接管理文化事业到管理文化事业为主，集中力量控制好重点项目，切实抓好意识形态、发展规划和相关法制建设，政府由直接管理者逐渐转向文化产业管理者和监督者的角色。

同时，严格区分营利性和公益性文化区别，针对两者差异采取不同的管理方式。对于博物馆、图书馆等公益性文化事业，应继续坚持政府引导，加大财政支持力度。在政府帮扶之时，强化内部管理，建立健全审计制度，降低成本，提高公益性文化产业单位自身发展能力。新华书店等营利性文化单位则应根据企业管理制度，将其推向市场，使其成为范围独立的法人实体和市场竞争的成员。

管理体制方面，加快现有文化管理和监察机构整合、改组，减少管理部门，建立高效、负责、统一的文化管理行政机构，贵州省应参考东部省区成立专项负责机构，在全省范围内实现文化资源的整合。另一方面，建立适应市场经济体制的文化产业管理机制，加快半官方机构建设步伐，将不适合政府直接干预的领域托付半官方机构，充分发挥行业本身协调的能力，推动文化产业健康发展。与此同时，按照企业制度着力抓好文化事业单位改革。在图书馆、博物馆等单位尽快建立法人治理结构，深化收入分配、社会保障体制建设，部分环节允许社会资本进入。目前，贵州省部分地区图书馆、博物馆依然以国家投入为主。图书馆等机构改革工作依然局限于设立分馆等传统手段，这些方面依然相对薄弱。在"大众创新、万众创业"战略带动下，支持具有科研实力的中小微企业，帮助其塑造现代企业文化，支持小微文化企业发展。

经过文化体制改革，文化单位可以在较短时期内吸纳社会资本，盘活固定资产，实现投资多元化。充分发挥市场资源配置作用，以本省民族文化为突破点，着力打造贵州特色的文化事业。同时，在多彩贵州工程的倡导下，相关机构应深入挖掘贵州省红色文化潜力，大力倡导反映贵州革命文化的宣传片。在电影、电视剧、图书、网站等方面将贵州独特的夜郎文化、红色文化、屯堡文化、民族风情以及著名历史人物相结合，创造出独具地方特色的贵州文化作品。

二、完善文化市场化体系建设

文化市场是文化产业发展的基础，唯有培育良好的文化市场才能保证文化产业快速、健康发展。文化市场是链接文化消费者与创造者的中介，只有文化市场在有序中成长，文化产业才能获得稳定的进步。

1. 创建文化资源市场

现阶段，贵州省文化资源管理相对滞后，知识产权保护处于快速发展阶段，然而与东部地区和实际需要相比存在部分差距。现阶段本省应大力开发舞蹈、美术、作曲、导演等非物质性文化资源，同时切实鼓励相关设施器材等有形文化资源的制作。依据市场原则，组建文化产品销售公司、文化服务经营公司等一系列相关机构，以经济手段促文化要素尽快形成产值，以法律手段规范市场秩序，维护创造者的知识产权，促进文化资源市场繁荣。

2. 建立文化经营机构融资平台

贵州文化产业处于高速发展阶段，多数文化公司处于资金紧缺状态，如不及时补充将形成文化产业发展的瓶颈。在市场发展初期阶段，政府需要扮演监督人和支持者的角色，在规范秩序的同时做好资金筹集工作。

相关部门需尽快组织人员赴先进地区考察，积极学习当地银政结合、投融资机制，为贵州省文化企业解决资本问题。积极搭建文化产业融资平台，通过融资让企业走向市场。各级政府应持续加大对文化产业帮扶力度，以重点项目为切入点，采用多种融资手段吸引民间游资。以文化事业单位为平台，进行转让、出租等多种经营方式，最大限度盘活固定资产。仿造银企对接模式，实现金融机构与文化产业公司的衔接。同时，进一步协调银行、保险等金融机构，共同讨论制定金融扶植文化产业的制度。在具体项目中，以政府信用为担保，帮助文化产业载体建立与金融机构长期合作关系。相关机构应在短期内组建专门面向文化产业的信贷担保公司，以低利率、低门槛帮助文化产业重大项目解决融资难问题。在大众创新、万众创业活动中，针对其中文化产业项目进行优中选优，选择具有良好发展前景者予以重点帮扶。对于文化产业特点，积极争取健全无形资产评估新体系，促进保险公司、银行等金融投资机构开展文化公司星级评定工作，为文化企业融资提供可靠、安全的制度保障。

3. 文化市场整治专项行动常态化

贵州省文化市场清理行动多以"运动式"为主，造成出现问题难以有效发现，察觉后又难以治理。在文化市场快速壮大的今天，"运动式"清查工作已经难以满足现实需要，尽早实现整治行动常态化，成为不容回避的关键问题之一。其次，切实保护知识产权、维护特殊群体合法权利，保障文化安全逐渐变为贵州文化产业发展中的重点问题，探索区域合作机制，推进以贵阳为中心，遵义为次中心的文化市场建设。集中力量打击侵犯知识产权、黄赌毒行为及网吧等娱乐机构违规接纳未成年人、违约演出等违法经营活动，严厉惩办包含色情、反动、低俗等内容的产品。在突击检查同时，落实监督常态化。

工作中，运动式整治依然不可或缺。如"五城联创""两创一申"等活动依然需要继续开展。相关部门继续加强打击不法活动力度，尽快提高贵州省旅游环境服务质量。

三、大力培养人才队伍

在知识经济高速发展的今天，人才资源已经成为竞争的核心之一，在经济发展和文化产业建设中起到突出作用。文化产业本身属于技术密集型产业，对人才有特殊要求。贵州人才队伍总体素质与文化产业进步尚存在一定差距，与文化强省战略目标并不完全适应。优化人才队伍建设，为贵州省文化产业可持续发展提供坚实后盾是"十三五"期间贵州文化繁荣的必然要求。

人才资源与自然资源不同，具有较强的流动性和主观能动性，同时对生存环境有较高的要求，如在其本人之外，对家属安置、子女入学等问题存在相应的要求。为留住人才，留住人心，完善人才服务体系成为必然的要求。

（1）完善人才服务体系。大力加强人才服务体系建设，仿效东部地区建成一体化服务网络，集中力量形成局部优势全力解决人才就业、产业合作等问题。工作中，勇于打破体制对人才服务工作的限制。

（2）打造良好人才生活环境。人才虽然具备较高的文化素质，然而同样有人性的一面，其对家人生活质量存在一定的要求。有关部门在解决人才本身就业、工作问题的同时应关注其家人问题的解决。相关机构应加强与工作单位合作，切实解决人才子女入学、配偶工作的现实问题，为拴住人心做好精神方面的准备。

（3）提高管理人员水平，改善作风建设。制度需要人操作，良好的管理人员对保障制度的落实起到重要作用。人才服务机构需狠抓行业作风建设，不折不扣贯彻省委、省政府关于人才工作的相关决议，落实岗位职责，实行首问负责制，大力引进标准化办公体系。与此同时，加大对工作人员技能培训，引进高级管理人才，提高服务队伍的专业化水平。针对实际工作中存在有意刁难等不良行为，予以严厉打击。

（4）有关部门应勇于打破限制人才流动的体制性障碍。目前，档案制度、户籍制度、社保地区性等问题成为阻碍人才流动的机制性因素，部分基层工作人员甚至以此刁难办理相关手续的人才。对此，贵州省应打破制约人才流动的制度障碍，疏通人才流动的渠道，使市场地位进一步强化，有效解决人才配置中的结构性矛盾，实现人力、人才资源的优化分布。

四、加快文化企业集约型发展，做大做强文化产业

贵州省文化产业虽然取得高速增长，但与东部地区相比依然存在总量偏少、集约化程度较低等弱点，要全力推进文化产业集约化经营，增强文化企业核心竞争力。首先，加快培育领军企业。有关部门大力整合现有资源，通过重组、兼并等一系列手段，组建一批具有较强竞争力的大企业。对起点高、管理先进的文化企业予以大力扶持，切实帮助其解决生存、发展中遇到的重点、难点问题。其次，通过"大众创业、万众创新"活动，扶持中小微文化企业成长。"大众创业、万众创新"为贵州省文化产业发展注入新的活力，但是实际工作中，中小微文化企业面临开拓市场困难、

资本不足等问题。贵州省应抓住"大众创业、万众创新"的机遇，鼓励民间资本进入文化产业领域，大力发展民营经济，打造一批中小微民营文化企业进入市场。最后，注重品牌意识，打造知名品牌。品牌是企业核心竞争力之一，文化产业同样需要铸造品牌。贵州省应在既有基础之上深入挖掘具有贵州特色的旅游文化品牌，如夜郎旅游、红色旅游、民族文化旅游，在"多彩贵州"的旗帜下，创造出一批具有浓郁地方特点的文化旅游品牌。

五、积极打造大数据产业，实现大数据与文化产业良性互动

贵州文化产业受到客观因素制约，处于相对低的发展水平。大数据时代的到来，为打破地理因素的限制提供可能。贵州省在这次产业革命中已取得先机。如何利用大数据带来的发展良机，实现大数据与文化产业互动成为当今不容回避的问题。

大数据为贵州省文化产业带来政策、资金、人才等一系列机会。2014年 3 月在中央政策推动下，贵州省颁布《贵州省大数据产业发展规划纲要（2014—2020）》，对全省大数据产业做出中长期规划。2015 年，省委、省政府出台《关于加快大数据产业发展及应用若干政策意见》，对大数据企业给予税收、融资等方面优待政策。此后，围绕大数据建设的资金持续性进入贵州省，为贵州省文化产业带来丰厚的资金支持。与此同时，大数据产业的发展也为贵州引进了大量人才。预计 2020 年，将引入 5000 名大数据高端人才，建成在全国范围内具有影响力的大数据产业基地。大数据产业基地的建设将加快优秀人才进入贵州省速度，为文化产业发展做好人才储备。大数据为贵州文化产业成长带来各方面的有利条件，有关部门应采取有效措施帮助大数据与文化产业实现良性互动。在帮助文化产业利用大数据打造交流、贸易平台的同时，发布切实政策帮扶文化企业使用大数据扩

大交易市场、运用数据分析和挖掘文化产品创新及提高服务质量的能力。在文化产业转型升级关键时期，利用大数据这一革命性技术，帮助文化企业提高运用大数据的能力，实现两种产业的无缝对接和良性互动。

六、以经济新常态为助力，推动特色产业和中心地区发展

当今，贵州省已经进入后发赶超、加快全面建设小康社会的重要阶段。"新常态就是新机遇，新常态就是新未来"。前任省委书记赵克志判断，当前全国经济发展进入新常态，对于贵州这样的西部欠发达省份，认识新常态，适应新常态，就是要把握新机遇，实现新发展。

在新常态下，贵州需要加快推进新型工业化、城镇化、信息化和农业现代化同步发展。新常态下，贵州省应全面深化改革，加大政策扶持力度。现阶段，省内帮扶文化产业发展措施以宏观性、全局性为主，对具体行业、特殊企业缺乏有效的帮扶措施。因此，出台针对性扶持政策，进行定点帮扶，切实帮助有实力的企业创建文化品牌成为当下重要问题。与此同时，扩大对外合作，推动中心城市文化产业发展。本省中心城市——贵阳在省内文化产业中拥有不可动摇的中心地位，但是与东部地区相比依然存在差距。2015年南京文化产业增加值约600亿元，相当于贵州省各地州总和，约为贵阳的4倍。如何提高中心城市文化产业竞争力，是当前的主要任务之一。有关部门应在大体保持地区平衡的情况下，全力做大做强贵阳文化产业，优化贵阳文化产业结构，促进贵阳文化产业转型升级，实现以贵阳为中心带动各市州良性发展的局面。

参考文献

[1] 熊宗仁. 夜郎文化研究与开发利用综论 [J]. 贵州民族学院学报（哲学社会科学版），2005 (4).

[2] 熊宗仁. 不同视野下的夜郎——兼论赫章与夜郎的关系 [J]. 贵州民族研究，2003 (9).

[3] 黄勇. 贵州文化产业发展初探 [J]. 理论与当代，2007 (12).

[4] 刘利成. 支持文化创意产业发展的财政政策研究 [D]. 财政部财政科学研究所博士论文，2011 (6).

[5] 陈柳钦. 文化自觉与文化产业发展 [J]. 南京财经大学学报，2012 (1).

[6] 葛伟. 知识产权制度战略中的艺术发展 [J]. 中国版权，2011 (6).

[7] 何颖，田宪臣. 制度创新与中国特色社会主义 [J]. 科学社会主义，2011 (10).

[8] 郭全中. 文化产业发展改革中的五大关键问题 [J]. 青年记者，2014 (7).

[9] 后发展地区旅游产业发展战略研究——以贵州省为例 [OL]. 互联网文档资源，http：//www. docin. com/p – 310888566. html .

[10] 韩永进. 中国文化体制改革32年历史叙事与理论反思 [D]. 中国艺术研究博士论文，2010 (6).

[11] 王可. 河南省文化产业发展趋势研究 [D]. 郑州大学硕士论文, 2013 (5).

[12] 文化创意产业概述. [OL]. http://max.book118.com/html/2012/0517/1911263.shtm. 2016.

[13] 卢宇荣, 黄小敏. 江西省文化创意产业发展对策研究. [J]. 江西金融职工大学学报, 2010 (12).

[14] 张阳. 社会主义市场经济下中国文化体制改革的基本经验研究 [D]. 广西师范大学硕士论文, 2014 (4).

[15] 张万玉. 关于促进河南文化产业发展对策的几点思考 [J]. 华北水利水电学院学报 (社科版), 2010 (12).

[16] 申益美, 唐湘娟. 中国企业海外投资特征及对策分析 [J]. 邵阳学院学报 (社会科学版), 2010 (12).

[17] 李伟娜. 邓小平文化思想的当代价值研究 [J]. 吉林省教育学院学报 (中旬), 2013 (11).

[18] 高艳, 郭长智, 杜小书. 贵阳文化品牌建设研究 [J]. 贵阳市委党校学报, 2007 (2).

[19] 贺菊莲. 略论贵州饮食文化 [J]. 黑龙江史志 2011 (11).

[20] 周必素, 陈黔珍. 贵州非物质文化遗产生态环境保护探索 [J]. 贵州商业高等专科学校学报, 2008 (9).

[21] 谢念. 互联网背景下的区域传播力提升研究 [D]. 武汉大学博士论文, 2015.

[22] 程欢. 西安市文化产业空间异质性多尺度研究 [D]. 陕西师范大学硕士论文, 2016.

[23] 牛海桢, 孙悦蕊, 张晓玉. 文化与旅游融合发展背景下的甘肃旅游发展刍议 [J]. 甘肃联合大学学报 (社会科学版), 2013 (9).

[24] 常满荣. 河北省文化产业现状及跨越发展战略研究 [J]. 河北青年管理干部学院学报, 2011 (1).

[25] 魏本德. 关于新疆昌吉回族自治州文化产业发展的思考 [J]. 实事求是, 2012 (7).

[26] 张洁云. 文化生产力文化强国的新引擎 [J]. 大连干部学刊, 2012 (5).

[27] 巫国义. 重庆文化产业发展模式探析 [J]. 商场现代, 2014 (9).

[28] 陈华永. 首届贵州文博会吸金近12亿 [N]. 经济信息时报, 2015-07-29.

[29] 古广胜. 论文化旅游产业中的创意营销 [J]. 生态经济, 2012 (8).

［30］李建明．江西文化创意产业发展现状及对策［J］．商业时代，2013（3）．

［31］唐建华．深化文化体制改革 促进湖南文化产业发展［N］．中国经济时报，2015 - 03 - 25．

［32］沈仕卫．贵州文化产业发展：用数据说话［N］．贵州日报，2014 - 12 - 19．

［33］李华．关于金融支持湖南文化产业发展的思考［J］．金融经济，2013（2）．

［34］曹乃铭．区域文化产业发展潜力评价研究［D］．中南大学硕士论文，2013．

［35］谢庭春．文化产业的金融支持路径——以湖南为例［J］．金融经济，2013（10）．

［36］李美玲．湖南文化产业发展与繁荣之路［J］．湘潮（上半月），2011（9）．

［37］刘文芳．四川文化产业从比较优势到竞争优势的依据和路径［J］．当代经济，2013（7）．

［38］陈学璞．发展广西地域文化 彰显八桂地方特色［J］．广西教育学院学报，2014（4）．

［39］李开义．文化产业走向南亚东南亚［N］．云南日报，2015 - 08 - 06．

［40］施旻．云南民族文化产业“走出去”的对策建议［D］．云南大学硕士论文，2016．

［41］尹明明．传统文化资源的创新性开发利用［J］．江西社会科学，2015（11）．

［42］中共贵州省委关于制定贵州省国民经济和社会发展第十三个五年规划的建议［J］．当代贵州，2015 - 12 - 01．

［43］中共中央关于制定国民经济和社会发展第十三个五年规划的建议［N］．人民日报，2015 - 11 - 04．

［44］陈敏尔．紧密团结在以习近平同志为核心的党中央周围 决胜脱贫攻坚 同步全面小康 奋力开创百姓富生态美的多彩贵州新未来［N］．贵州日报，2017 - 04 - 25．

［45］薛虹．文化产业发展评价指标体系研究——以江苏省南通市文化产业发展为例［J］．中国统计，2010（12）．

［46］刘源．基于灰色预测模型的物流需求分析［J］．物流技术，2012（6）．

［47］王京生．经济新常态下文化产业发展的机遇与路径［J］．新重庆，2015（6）．

［48］赵莹．当前我国文化产业发展面临的机遇与挑战［J］．天水行政学院学报，2012（6）．

［49］李雪，彭冲．基于灰色预测的错峰停电研究［J］．电器与能效管理技术，2016（11）．

[50] 王生发. 把文化资源优势转化为文化产业强势 [J]. 唯实（现代管理），2015
（5）.

[51] 李伟坤. 基于产业融合度的文化产业发展模式研究 [D]. 天津工业大学硕士论
文，2015（12）.

[52] 王波，吴子玉. 基于范数灰关联度确定权重的江苏省文化产业竞争力综合评价研
究 [J]. 江苏社会科学，2016（6）.

[53] 付松. 用现代理念经营文化产业——贵州省"十大文化产业园""十大文化产业
基地"发展综述 [J]. 当代贵州，2014（10）.

[54] 杨彦荣. 园区成文化产业发展强力引擎——贵州省"十大文化产业园区（基
地）"建设观察 [J]. 当代贵州，2015（5）.

[55] 刘琼. 深圳文化产业凸显集聚效应 [N]. 深圳商报，2014 - 12 - 23.

[56] 邱玉红. 建设21世纪海上丝绸之路背景下广西特色文化产业转型升级发展研究 [J].
歌海，2015（7）.

[57] 王妮娜. 论多层次文化发展基金体系的构建 [D]. 中国社会科学院研究生院博
士论文.

[58] 金元浦. 论创意经济 [J]. 福建论坛（人文社会科学版），2014（2）.

[59] 付松. 用现代理念经营文化产业——贵州省"十大文化产业园""十大文化产业
基地"发展综述 [J]. 当代贵州，2014（10）.

[60] 王清逸. 对贵州民营文化企业"走出去"的对策建议 [N]. 贵州政协报，2015 -
03 - 05.

[61] 张红喜，陈青松，石朝平. "多彩贵州"品牌助推旅游饭店业转型升级的战略构
想 [J]. 四川旅游学院学报，2016（5）.

[62] 夏杰长. 促进文化产业与科技、资本市场的对接 [N]. 消费日报，2011 -
10 - 26.

[63] 荆林波，李蕊. 中国文化产业存在的问题及对策 [J]. 中国经贸导刊，2010
（12）.

[64] 李全起. 京津冀文化产业联合发展刍议 [G] //2011京津冀区域协作论坛论文
集，2011.

[65] 贾佳，葛夏欢. 北京地区文化贸易走在全国前列 [N]. 中国文化报，2012（4）.